KUNST UND GESCHICHTE
VON
POMPEJI

170 FARBPHOTOS
20 REKONSTRUKTIONEN DER STADT
WIE SIE VOR 2000 JAHREN WAR

BONECHI

BESICHTGUNG DER AUSGRABUNGEN

Zu dem Archäologischen Gebiet Pompejis gelangt man von der Porta Marina und vom Amphitheater aus. Um die Besichtigung zu erleichtern hat unsere Veröffentlichung die Stadt in vier Zonen aufgeteilt, von der Porta Marina ausgehend (Zone I), die am häufigsten als Zugang benützt wurd. Die Besucher, die vom Amphitheaterplatz aus beginnen, fangen mit Zone II an.

Die Besichtigung der ganzen Ausgrabungen nimmt mindestens einen Tag in Anspruch. Für diejenigen, die weniger Zeit haben, schlagen wir, je nach verfügharer Zeit, drei Rundgänge vor, die von der Porta Marina ausgehen, mit den Nummern der Gebäude, die man besichtigen sollte.

Unsere Veröffentlichung, die im März 1989 beendet wurde, hat einige Denkmäler und Häuser aufgeführt, die durch das Erdbeden 1980 beschädigt wurden, und die man im Innern noch nicht besichtigen kann, aber auch die Außenensicht hinterläbt einen tiefen Eindruck. Wir hoffen auch, daß in der Zwischenzeit einige Strukturen wieder zugänglich sind.

2 Stunden: 1 - 4 - 5 - 6 - 7 - 8 - 9 - 10 - 11 - 36 - 46 - 48
49 - 51.

3 Stunden: 1 - 4 - 5 - 6 - 7 - 8 - 9 - 10 - 11 - 15 - 16 - 18
19 - 36 - 46 - 48 - 49 - 50 - 51 - 52 - 53.

4 Stunden: 1 - 4 - 5 - 6 - 7 - 8 - 9 - 10 - 11 - 15 - 16 - 18
19 - 30 - 31 - 32 - 33 - 34 - 35 - 36 - 46 - 48
49 - 50 - 51 - 52 - 53.

© Copyright 1995 by
CASA EDITRICE BONECHI
Via Cairoli 18/b - 50131 Florenz - Italien

Umschlaggestaltung: Grafiker der CASA EDITRICE BONECHI Sowohl in Italien als auch auf internationaler Ebene ist auch die Umschlaggestaltung gemäa Paragraph 102 des Gesetzes 633 Urheberrechtlich geschützt.

ISBN 88-7009-456-1

Text von: Stefano Giuntoli.
Übersetzung: Christine Hock für Studio Comunicare, Florenz
Kartenmaterial: Studio Bellandi — Giovannini — Mariani
Wiederherstellung: Stefano Benini
Redakteur: Maurizio Martinelli
Satz: Susanna Cagnacci

Photos stammen aus dem Archiv der Casa Editrice Bonechi und sind von:
Archivio Fotografico dell'Osservatorio Vesuviano - Foto Antonio Biasucci, Gianni Dagli Orti, Paolo Giambone, Cesare Tonini.

* * *

Auf der Abbildung eine Rekonstruktion des 19. Jahrhunderts des Venustempels in Pompeji.

EINFÜHRUNG

GESCHICHTLICHER ÜBERBLICK

Die Ausmaße einer möglichen frühgeschichtlichen Siedlung auf dem Lavagestein-Grat, dort, wo Pompeji entstehen sollte, sind nicht zu bestimmen, da die Keramik-Funde, die man auf die «Gruben-Gräber» aus der Eisenzeit (9.-7.Jh.v.Chr.) zurückführen könnte, äußerst spärlich sind. Aufgrund der schwierigen Wasserversorgung, bedingt durch die Lage, ist eine Siedlung vor der zweiten Hälfte des 7.Jhs.v.Chr. eher auszuschließen.

Im Zuge der griechischen Kolonisation (Ischia und Cuma) und der der Etrusker (Capua) im Laufe des 8.Jhs.v.Chr. im Gebiet Kampaniens, beginnt Pompeji seine städtische Entwicklung um das Forum herum, an dem wichtige Handelswege zusammenlaufen und das so, dank seiner Lage an der Mündung des Sarno, zu einer zentralen Kreuzung der Straßen ins Landesinnere wurde. Bis Mitte des 5.Jhs.v.Chr. wurde die Stadt von den Etruskern beherrscht. Dies wird durch eine Bucchero-Vase mit etruskischer Schrift belegt, auch wenn im 6.Jh.v.Chr. der Einfluß griechischer Kultur sehr deutlich ist, was die Terrakotta-Verzierungen des Tempels des Apoll, aus Griechenland gebrachte Keramikgegenstände und dorische Architekturmerkmale deutlich machen. Nach der Niederlage der Etrusker bei der Schlacht von Cuma 474 gegen die Griechen und die Syrakusaner wurde im Laufe des 5.Jhs.v.Chr. dieses fruchtbare Gebiet von den Samnitern aus dem bergigen Landesinneren besetzt. Dies geschah durch militärische Vorgänge, aber auch durch ein langsames, allmähliches Vordringen in dieses Gebiet, was mit der Annahme der hier herrschenden Sitten und Gebräuche einherging. Wahrscheinlich dehnte sich Pompeji damals über den gesamten Lavagestein-Grat aus und wurde von einer Mauer umgeben.

Während des 4.Jhs.v.Chr. beginnt die städtische Entwicklung Pompejis in rechtwinkeliger Form und es entstehen Gebäude aus Kalkstein. In jener Zeit bilden sich Konflikte zwischen der samnitischen Stadtbevölkerung und den Samnitern, die aus dem Landesinneren einzu-

3

Eine Ansicht des Vesuv, dessen Eruption 79 n.Chr. Pompeji begrub. Auf der Nebenseite ein Rekonstruktionsmodell des Bacchustempels, das außerhalb des städtischen Zusammenhangs Pompejis aufgestellt wurde.

dringen versuchen. Entscheidend ist nun der Eingriff Roms, das am Ende dieser «samnitischen» Kriege (343-290 v.Chr.) die Vorherrschaft über Kampanien erhält. Pompeji kommt bei diesen Auseinandersetzungen nur eine untergordnete Rolle zu, wie auch bei den Kriegen Hannibals (218-201 v.Chr.). Als nämlich die Mehrheit der Städte Kampaniens, die sich auf Hannibals Seite geschlagen hatten, nun vom siegreichen Rom hart bestraft wurden, war Pompeji in einer recht günstigen Lage. Als das Mittelmehr dann von den Römern beherrscht wurde und sich der Handel gut entwickelte, erlebte Pompeji im 2.Jh.v.Chr. eine wahre Blütezeit in wirtschaftlicher Hinsicht, vor allem was die Erzeugung und den Export von Wein und Öl betraf. Dieser Wohlstand spiegelt sich in einer enormen Entwicklung der öffentlichen und privaten Bautätigkeit wider: zu der Zeit entstanden der Tempel des Zeus und die Basilika auf dem Forum, die, wie die Basilika auf dem Forum triangulare verändert wurde. Im privaten Bereich kann ein herrschaftliches Wohnhaus, wie das Haus des Fauns, was Größe und Ausstattung betrifft, durchaus dem Vergleich mit den Palästen der Dynastien des hellenistischen Orients standhalten. Pompeji schloß sich mit den italischen Verbündeten zusammen, um den Anspruch auf die römische Zugehörigkeit geltend zu machen, was den «sozialen Krieg» (90-89 v.Chr.) auslöste; 89v.Chr. wurde die Stadt von Silla besetzt und eingenommen, ohne großen Schaden zu nehmen. Sie wurde zu einem «Municipium» und von den «Quattuorviri»

(vier Bürgern) von 89 bis 80 v.Chr. verwaltet, als Publius Cornelius Silla, Neffe des Diktators sie zur Kolonie, unter dem Namen Cornelia Veneria Pompeianorum machte. Damals wurde der Ordo decurionum, der örtliche Senat eingesetzt, der aus Anhängern Sillas bestand, die auch mit den wichtigsten Ämtern der Verwaltung betraut waren. Die wirtschaftliche Lage war immer noch äußerst positiv und es entstanden weitere öffentliche Gebäude, wie das Amphitheater und das Odeion.

Mit der Kaiserzeit kommen neue Familien aus dem Kreis um Augustus nach Pompeji, die die neue Politik einheitlich vertreten. Dies kommt in neuen öffentlichen Gebäuden zum Ausdruck, die geradezu propagandistische Merkmale zeigen, wie zum Beispiel das Gebäude der Eumachia und der Tempel der Fortuna Augusta. Nach einer Zeit politischer Krisen unter Augustus, stellt Nero die allgemeine Ordnung wieder her. In die Zeit seiner Herrschaft, das Jahr 59 n.Chr., fiel die blutige Auseinandersetzung zwischen Pompejanern und Nucerianern im Amphitheater. 62 n.Chr. wurden zahlreiche Gebäude der Stadt durch ein verheerendes Erdbeben stark beschädigt. In den darauffolgenden Jahren war man mit dem Wiederaufbau beschäftigt, der noch nicht abgeschlossen war, als am 24. August des Jahres 79 n.Chr. der Vesuv Pompeji gänzlich unter einer Schicht von Lava und Lapillus-Regen begrub. Dieses dramatische Ereignis wird uns in einem Brief überliefert, den Plinius der Jüngere, ein Augenzeuge des Vulkanausbruchs, an Tacitus sandte.

Oben das Fresko im vierten Stil im Innern des Hauses der Vettier, das Apollo als Sieger über Python darstellt. Links, Details eines Saales, der mit gefälschten Architekturdarstellungen des zweiten Stiles dekoriert ist.

DIE MALEREI

Der **erste Stil** der Malerei, die Inkrustation, verbreitete sich bei den Römern im 2.Jh.v.Chr.; man bemalte die Innenwände der Wohnhäuser und der öffentlichen und religiösen Gebäude. Es handelt sich dabei um eine Technik griechischen Ursprungs, in direkter Anlehnung an die isodome Errichtung von Mauern der Architektur des 5. und 6. Jhs.v.Chr., deren herausragende Bauteile, wie Sockel, das Mittelteil größerer, und der obere Teil kleinerer Felder, die Rahmen und teilweise auch die Pfeiler in mehrfarbigem Stuck nachempfunden werden, die eine vertikale Aufteilung schaffen. Durch den farblichen Kontrast werden die Neuerungen des Hellenismus, das heißt, die Verwendung von mehrfarbigem und qualitativ unterschiedlichem Marmor bei den einzelnen Bauelementen, auf den Bereich der Malerei übertragen. Der **zweite Stil**, der architektonische Stil, findet während der Gründung der Kolonie Sillas Verbreitung (80 v.Chr.); man bemalt die Wände mit archtitektonischen Elementen, die sich illusionistisch auf verschiedenen Ebenen entwickeln, mit perspektivischen Verkürzungen und Spielen, die darin gipfeln, daß eine Wand bildhaft aufgelöst und zu einem imaginären freien Raum wird. Direkte Vorbilder sind die illusionistischen Bühnenbilder des hellenistischen und römischen Theaters und die neuen «barocken» Formen der Architektur des 2.-1.Jhs.v.Chr. Der **dritte Stil**, oder auch ornamentaler Stil, entsteht als Reaktion auf den «barocken» Illusionismus des zweiten Stils, in Zusammenhang mit den Stilelementen des akademischen Klassi-

zismus, der Augusteischen Kunst. Die Wände werden wieder zu schlichten und glatten Oberflächen, die einen Raum umgeben, und horizontal und vertikal auf einfarbigem Grund unterteilt sind. Zierliche architektonische und dekorative Elemente sorgen für eine gewisse Bewegung. Im Mittelpunkt steht ein zentrales Gemälde, in der Regel mit mythologischer, religiöser oder idyllischer Thematik; dies befindet sich in einer Ädikula, die an den Seiten mit Paneelen versehen ist und Abbildungen miniaturistischer und landschaftlicher Art trägt; im oberen Teil findet man zuweilen noch zierliche, perspektivische Architekturelemente, entsprechend dem zweiten Stil. Bemerkenswert sind auch häufige ägyptische dekorative Merkmale, sowie auch eine impressionistische Technik, die alexandrische «Punktmalerei», die im Gegensatz zu dem in gewisser Weise nüchternen und ausgewogenen klassizistischen dritten Stil steht und ihn auflockert. Der **vierte Stil**, der zur Zeit von Claudius und Nero Verbreitung findet, zeigt den Eklektizismus der römischen Kunst, durch eine breite Palette dekorativer Formen, die sich am zweiten und dritten Stil inspirieren.

Man bedient sich nun kräftigerer Farben, um einen lebhaften und kontrastierenden chromatischen Effekt zu schaffen. Es entstehen immer dekorative Elemente, die sich aneinanderreihen und sich mit illusionistischen architektonischen Verkürzungen und mit Gemälden mit mythologischen Szenen, die oft impressionistisch sind, abwechseln. Eine Besonderheit sind «Teppiche», die aufgehängt werden und in der Mitte mit Bildern und kleinen Figuren verziert sind und so die hellenistische Tradition dekorativer Wandteppiche wiederaufnehmen.

DIE ARCHITEKTUR DER PRIVATEN WOHNHÄUSER

Dank der einzigartigen Vollständigkeit archäologischer Belege, kann man in Pompeji die bauliche Entwicklung des «italischen» Wohnhauses deutlich nachvollziehen und dies sowohl bei herrschaftlichen Residenzen, als auch bei der bescheidensten Behausung. Die Häuser sind um ein Atrium herum angelegt; in Pompeji ist eines der ältesten und interessantesten Beispiele das Haus des Chirurgen aus dem 4.Jh.v.Chr. Das Atrium war der Mittelpunkt des häuslichen Lebens und erfüllte zwei grundlegende Funktionen: es versorgt das Haus mit Licht, denn es ist als in sich geschlossener Komplex angelegt, mit hohen Mauern und einem offenen Dach. Zweitens diente das Atrium zum Sammeln des Regenwassers in einem Becken (Impluvium), in der Mitte des Atriums; dieses Becken speist schließlich die Zisterne. Im Atrium befand sich auch das «lararium» für religiöse Handlungen und, ganz früher noch die Küche mit offener Feuerstelle, wo die Familie ihre Mahlzeiten zu sich nahm. Um das Atrium herum, zu dem man über einen kurzen Gang (fauces) gelangte, waren in vorgegebener Ordnung die kleinen Räume angelegt, die als Schlafzimmer (cubicula) dienten, sowie zwei offene Räume (alae) am Ende der seitlichen Wände, die dem Ahnenkult vorbehalten waren. Im hinteren Teil des Hauses befand sich das Tablinum, ein Raum, der ursprünglich als Schlafgemach diente, später aber zu einem Eßzimmer oder Empfangssaal wurde; seitlich davon führte ein Gang in den «hortus», einen kleinen Garten, der von einer hohen Mauer umgeben war.

Oben der Eingangstorbogen zum mutmßlichen Isistempel im Innern des Hauses des Octavius Quartio.

Im 2.Jh.v.Chr., nach den Eroberungsfeldzügen der Römer im Orient, führte der Einfluß der hellenistischen Architektur bei den herrschaftlichen Wohnhäusern zu einer Verschmelzung des traditionellen Wohnhauses mit Atrium, und Häusern griechischer Bauweise, bei der das Haus um ein Peristyl, einen Innenhof, der als Garten genutzt wurde, angelegt war. In der Mitte des Peristyls befand sich meistens ein großes Becken, das von Bogengängen umgeben war, von denen man in die Wohnräume gelangte. Ein weiterer Bestandteil des italischen Hauses war damals das Triclinium, ein Eßzimmer, das sich normalerweise neben dem Tablinum befand und in dem drei Liegen aufgestellt waren, so daß man gemäß der griechischen Tradition das Essen im Liegen einnehmen konnte. Mit dem Peristyl, an Stelle des Hortus, wurden weitere Aufenthaltsräume (Diaetae) und Empfangsmöglichkeiten (Oeci) geschaffen, die dem Peristyl vorgelagert waren; zusätzlich richtete man auch Baderäume ein. Diese Art von Wohnhaus wurde mit der Zeit in der Anordnung der Räumlichkeiten immer aufwendiger. Ein interessantes

Beispiel hierfür ist das wunderschöne Haus des Faun. Die Häuser der kleinen Händler, Handwerker und freigelassenen Sklaven waren sehr viel bescheidener und hatten einen einfacheren Grundriß. Häufig waren diese Häuser aneinandergereiht, wie ein einziger Gebäudekomplex, mit den verschiedenen Eingängen an der Straßenseite. Die Wohnräume innen gruppierten sich um ein gedecktes Atrium ohne Impluvium (atrium testudinatum) und verfügten über ein erstes Stockwerk, am Atrium, in dem die Schlafzimmer untergebracht waren. Um der zunehmenden Nachfrage nach Wohnraum zu entsprechen, die sich ergab, als in der Kaiserzeit die Bevölkerungszahlen merklich anstiegen, entstanden Wohnhäuser, die bis zu drei Stockwerke hatten. Geschäfte, Werkstätten und Arbeitsräume, die in Pompeji sehr zahlreich waren, wurden meist in das Wohnhaus des Inhabers integriert und befanden sich dort im hinteren Teil des Hauses oder in den oberen Stockwerken. Häufig vermietete der Besitzer eines herrschaftlichen Hauses die Räume seitlich des Eingangs zu Geschäftszwecken.

DIE MOSAIKE

Die älteste Fußbodendekoration war das Opus Signinum, das in der Epoche vor Silla in Pompeji weit verbreitet ist; hierbei werden in den Fußboden aus Kalk kleine Ziegelsteinchen und Amphorenbruchstücke gelegt, sowie auch zuweilen weiße Mosaiksteinchen aus «Palumbinus», um so eine gleichmäßig gemusterte Fläche oder gar einen Teppich nit geometrischen Motiven zu schaffen. Zur gleichen Zeit entstanden die Emblemata, das heißt kleine zentrierte Bilder aus winzigen farbigen Steinchen, mit Szenen, die sich an der griechischen Malerei inspirierten. Zur Zeit der Ära Sillas spiegeln die Mosaike den zweiten Stil der Malerei wieder, mit illusionären Perspektiven in Kassettenform, wobei man sich Mosaiksteinchen in Form eines Rhombengeflechts von allmählich zarteren Farben bediente. Die Ränder sind mit Würfeln oder perspektivischen Mäandern verziert. In den letzten Jahren der Republik finden auch einfachere Mosaike Verbreitung; sie sind in Schwarz und Weiß gehalten mit geometrischen Verzierungen (Sanduhrform, achteckige Sterne) und Bildern, die von fortlaufenden gewellten Streifen, Zackenmustern und Schachbrettformen eingefaßt werden. Auch in der frühen Kaiserzeit findet man schlichte, geometrische Mosaike. Unter Claudius und Nero häufen sich traditionelle dekorative Elemente, während bei den figürlichen Mosaiken die neuerworbenen Lichteffekte des vierten Stils der Malerei nachempfunden werden.

SKULPTUREN

Die Skulpturen, die man in Pompeji fand, stammen aus den Werkstätten der Kunsthandwerker und mußten verschiedene Zwecke erfüllen: als Dekoration, als Ehrendenkmal in der Politik und auf Begräbnisstätten. Man darf nicht vergessen, daß Pompeji eine Provinzstadt war, in der die bürgerlichen Auftraggeber nicht an wirklichen Kunstwerken interessiert waren. Der sozusagen hauptsächlich praktische Verwendungszweck der Skulpturen in Pompeji wirkte sich auch auf ihre Größe aus: normalerweise sind sie eher klein, auch wenn es nicht an überlebensgroßen Figuren, wie die, die man im Iupitertempel fand, fehlt. Kopien berühmter Figuren sind selten, zu ihnen gehört der Doryphoros.

Die Skulpturen werden aus den verschiedensten Materialien geschaffen: Marmor, Tuffstein, Kalkstein, Terrakotta und Bronze.

Letztere war mehr verbreitet, als man ursprünglich annahm, was die berühmten Figuren des Zitherspielenden Apolls, des sogenannten Kaligula zu Pferd, von Apoll und Artimedes als Bogenschützen, sowie die Funde zahlreicher Figurenüberreste zeigen. Die Porträtkunst entwickelt sich nach der Gründung der Kolonie Sillas, hauptsächlich als Andenken an die Toten oder um berühmte Persönlichkeiten zu ehren.

Später wurden dann die Mitglieder des Herrscherhauses in Porträts festgehalten.

Das elegante Mosaik in Hell — Dunkel Schattierung, das zwei tragische Masken zwischen Festons zeigt, wiederentdeckt im Haus des Fauns und heute im Nationalmuseum in Neapel.

Villa dei Misteri

Anfiteatro

Foro

1 - PORTA MARINA

Wie der Name schon sagt, handelt es sich hier um das Tor, das dem Meer zugewandt ist; es öffnet sich zur Westseite des Hügels, auf dem Pompeji liegt. Es ist das jüngste Tor Pompejis und wurde aus Lavagestein gebaut. Es besteht aus zwei Öffnungen, die von einem Tonnengewölbe gedeckt sind - eine für Fußgänger und eine für Wagen und Tiere. Später wurden diese beiden Gänge im hinteren Teil zu einem einzigen gewundenen Gang zusammengefaßt, der auch heute noch sichtbar ist.

In der Nähe der Stadtmauer auf diesem Teil des Hügels wurden im 1. Jh.v.Chr. einige Villen gebaut, von denen aus man einen herrlichen Blick über die Küste hatte.

2 - VILLA SUBURBANA

Sie befindet sich in der Nähe der Porta Marina und wurde nach den Bombenangriffen von 1943 entdeckt. Es handelt sich dabei um eine Villa, die zur Kaiserzeit gebaut wurde und sich an die Stadtmauer anlehnt, die nach der *Pax Augustea* nur noch eine stark beschränkte Funktion hatte; in dieser Lage hatte man von der Villa einen schönen Blick auf das Meer. Das Gebäude war wahrscheinlich

Die zwei gewölbten Passagen der Porta Marina, eine für die Fußgänger, die andere für die Fahrzeuge.

Auf dieser Seite zwei Abbildungen der Vorstadtvilla neben der Porta Marina; oben lassen sich Reste des Portikus und der Stadtmauern erkennen.

nach dem Erdbeben von 62 n.Chr. unbewohnt. Mauerüberreste sind aber immer noch hinter einem langen Säulengang sichtbar, vor dem sich ein Garten befindet, der seinerseits eine noch ältere Zufahrtsstraße zur Porta Marina unter sich begrub. Auf den Portikus führen verschiedene Räume; der bedeutendste ist ein großes Triclinium mit Vorzimmer, das ursprünglich über einen Fußboden mit sechseckigen Kacheln verfügte und mit reichen Bemalungen im dritten Stil (Ende des 1.Jhs.v.Chr.) verziert war, die zu den ersten Beispielen dieses Stils gehörten und Mitte des 1.Jhs.n.Chr. im Vierten Stil restauriert wurden. Neben den eleganten Dekorationselememten wird der größte Teil der Wände von drei großen Bildern mit kretischer Thematik eingenommen: Theseus, der den Minotaurus tötet, mit Athene im Hintergrund; Theseus der Ariadne auf der Insel Naxos zurückläßt; Ikarus und Dädalus. Im oberen Teil finden wir rechteckige Bilder mit den Porträts einiger Dichter.

An das Triclinium schließt sich ein Schlafzimmer mit zwei Alkoven an, der eine hat Wände mit weißem Grund und der andere zwei Bilder mit mythologischer Thematik. Hinter dem Schlafzimmer befindet sich ein zweites Triclinium mit einem dreibogigen Fenster, von dem aus man auf einen Garten blickt. Die Wände des Tricliniums tragen Fresken eines Satyrs und einer Bacchantin.

Oben ein Saal des Antiquariums; rechts oben die Bogenstellung des Apollotempels mit der Statue des Gottes, und unten die Reste des Heiligtums und des Altares.

3 - DAS ANTIQUARIUM

Das Antiquarium von Pompeji, das zur Zeit baulich verändert wird, wurde 1861 gegründet und nach den Bombenangriffen des Zweiten Weltkriegs neuerlich zu Museumszwecken ausgestattet. In ihm werden Funde der verschiedenen Lebensphasen der Stadt und ihrer Umgebung ausgestellt, um dem Besucher ein klares, chronologisch geordnetes Bild des kulturellen Lebens dieser einzigartigen Ausgrabungsstätte zu vermitteln.

Die frühgeschichtliche Epoche ist mit Grabbeigaben vertreten, die aus den Nekropolen und den Begräbnisstätten des Sarnotals stammen und auf die Eisenzeit zurückgeführt werden können; sie sind auf das 9. bis 8.Jh.v.Chr. datiert. Aus archaischer Zeit stammen Terracotta-Gegenstände aus dem Dorischen Tempel und dem Apollotempel, sowie auch korinthische und attische Keramik-Gegenstände mit rotfiguriger und schwarzfiguriger Malerei. Zudem fand man etruskische Bucchero-Vasen aus dem 6. und 5.Jh.v.Chr. Aus samnitischer Zeit stammen der Tuffstein Giebel, der Altar aus dem Tempel des S.Abbondio, der Dionysos geweiht ist (3.-2.Jh.v.Chr.) und die Kapitelle aus derselben Zeit, die mit Figuren der Thematik Dionysos verziert sind und aus den Eingängen einiger Villen an der Via Nolana stammen.

Aus römischer Zeit stammen eine bemäntelte Figur der Livia, Frau des Augustus (aus der Villa dei Misteri) und die Porträts von Marcellus, Neffe des Augustus, von C.Cornelius Rufus (aus dem gleichnamigen Haus), von Vesonius Primus (aus dem Haus des Orpheus). Ebenfalls aus römischer Zeit sind die Haushaltsgeräte, Instrumente und Arbeitswerkzeuge, Essensreste, wie verkohltes Brot, Eier und anderes. Schließlich sehen wir noch einige Gipsabgüsse von Opfern des Vulkanausbruchs.

4 - DER APOLLOTEMPEL

Dieser eindrucksvolle Komplex erhebt sich an der Westseite des Forumsplatzes, zu dem er keine Verbindung hat. Der Fund von korinthischer und attischer Keramik mit rot- und schwarzfiguriger Malerei, sowie die etruskischen Bucchero-Vasen mit eingeritzten Widmungen beweisen, daß man in Pompeji den Apollo-Kult kannte, der natürlich aus Griechenland, über die griechischen Kolonien Kampaniens bereits in der ersten Hälfte des 6.Jhs. v.Chr. ins Land gebracht worden war. Die planimetrische Anlage, sowie wir sie heute kennen, geht auf die Zeit der Samniter zurück (2.Jh.v.Chr.) und lehnt sich an hellenistische Formen an. Mehrere Veränderungen wurden bis zur Restaurierung nach dem Erdbeben von 62 n.Chr. vorgenommen, die noch nicht abgeschlossen waren, als 79 n.Chr. der Vulkan ausbrach.

Der Tempel selbst erhebt sich inmitten eines Peristyls mit 48 Säulen. Der Eingang befindet sich auf der Südseite an

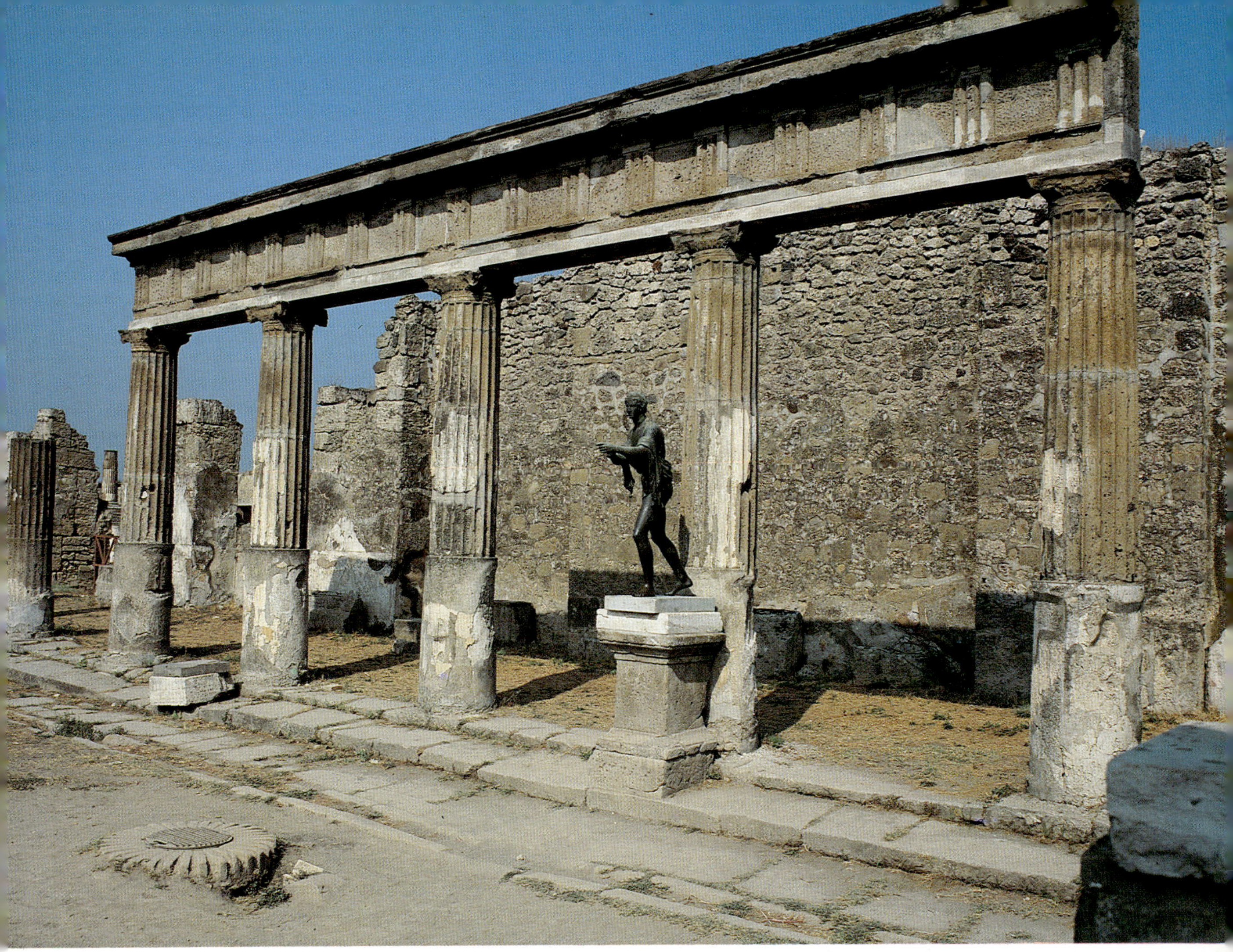

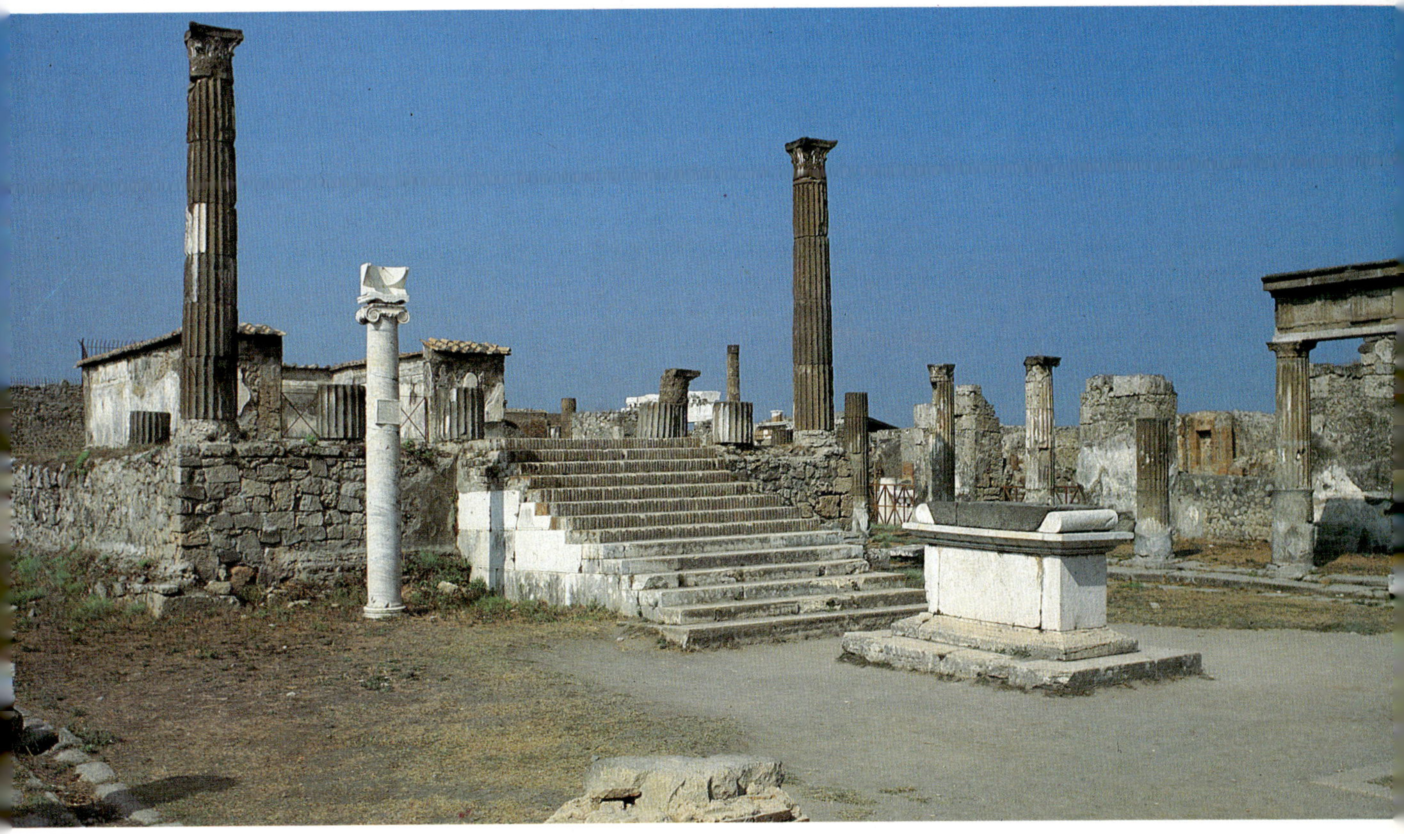

Oben die Rekonstruktion des Apollotempels, vergleichbar mit dem aktuellen Bestand der Reste, der oben daneben gezeigt wird; unten zwei Bronzestatuen von Apollo (links) und Diana (rechts).

Auf der Nebenseite die Bronzestatue des Apollo in der Nähe des heiligen Bezirks; darüber das Innere der Basilika.

der Via Marina. Ursprünglich war die Säulenreihe des Portikus ionisch und trug einen dorischen Architrav mit Metopen und Triglyphen; der Architrav seinerseits war von einer weiteren Ordnung kleinerer Säulen bekrönt. Nach dem Erdbeben erhielten die Säulen durch aufwendige Stuckaturarbeiten korinthische Merkmale. Der Architrav wurde mit einem Fries mit Greifen, die Festons halten verziert. Die zweite Säulenordnung jedoch wurde nicht mehr angebracht.

Eine schwerwiegende Veränderung der ursprünglichen Form war die Schließung der Öffnungen, die der Tempel auf der Ostseite, gegenüber der Piazza del Foro, hatte: sie wurden zugemauert und in Nischen verwandelt, die im vierten Stil mit trojanischer Thematik ausgemalt wurden. Auf der Westseite wurde im 2.Jh.v.Chr. eine Innenmauer errichtet auf Geheiß der Duumviri M.Holoconius Rufus und C.Egnatius Postumus. Dies geschah, so besagt eine Inschrift, um zu verhindern, daß man von den umliegenden Häusern auf den Tempel sehen konnte. So wurde der Tempel in der Mitte durch eine Mauer geteilt, was die hellenistische Formgebung, nach der er gebaut wurde, gänzlich verfälschte.

Einige Statuen wurden vor den Säulen des Portikus wiedergefunden; in der Nähe der Ostseite befand sich die Bronzefigur von Apoll mit seinem Bogen, während auf der Ostseite die Figur seiner Schwester Diana stand, mit einem anschließnden Altar; beide Figuren sind durch Kopien ersetzt worden. Auf der Südseite befinden sich die Marmorstatuen von Venus und Hermaphrodit, die hier wahrscheinlich nur vorübergehend standen, als der nahegelegene Venustempel, in den sie vermutlich gehörten, umgebaut wurde. An der Ostseite befand sich auch eine Büste des jugendlichen Hermes, in der allgemein bekannten Funktion als Schutzherr über die Palästren.

Der Tempel des Apoll ist ein Peripteraltempel mit sechs korinthischen Säulen an der Front und neun an den Längsseiten; er erhebt sich auf einem Podest mit frontalen Zugangsstufen. In der Cella sieht man einen Fußboden mit Verzierungen in der Mitte und mehrfarbigen Steinchen in Rautenform. Das ganze ist von drei Streifen umgeben, der äußerste davon ist mit perspektivischen Mändern geschmückt. Auf dem Fußboden, in der Nähe des Eingangs, fand man eine Inschrift auf Oskisch, die dem Quästor Oppio Campano gewidmet ist. Der ovale *Omphalos* aus Tuffstein im Inneren der Cella ist das Symbol des delphischen Apolls. Die Kultfigur wurde nicht wiedergefunden; von ihr blieb uns nur die Basis an der hinteren Seite des Tempels erhalten. Das architektonische Gesamtbild des Tempels ist relativ uneinheitlich, denn man findet Elemente etruskisch-italischer Herkunft, wie zum Beispiel das Podest und die frontalen Zugangsstufen; aber man trifft auch auf griechische Stilele-

mente, wie die peripterale Form und die korinthischen Säulenreihen.

Vor dem Gebäude befindet sich ein Altar aus Marmor mit einer Widmungsinschrift der Quattuorviri M.Pocius, L.Sextilius, Cn. Cornelius und A.Cornelius, Persönlichkeiten, die eng mit der politischen Geschichte Pompejis als Kolonie Sillas (80 v.Chr.) verbunden waren. In der Nähe der Tempeltreppen, auf einer ionischen Säule, befand sich eine Sonnenuhr, die die Duumviri L. Sepunis Sandilianus und M. Herennius Epidianus in augusteischer Zeit stifteten.

5 - DIE BASILIKA

Die Basilika, die von einer eingeritzten Inschrift auf dem Putz der Wände als solche bezeichnet wird (*bassilica*), steht an der Westecke des Bürgerforums. Sie ist eines der ältesten uns bekannten Beispiele dieser Art Architektur, die noch einen langen Weg vor sich hat, um schließlich das Vorbild der Gotteshäuser des Christentums zu werden.

Die Entstehungszeit der Basilika kann auf die letzten 25 Jahre des 2.Jhs.v.Chr. festgelegt werden, aufgrund von Ziegeln mit dem Stempel des Herstellers *Ni-Pupie* in Oskisch, der Name einer Amtsperson der samnitischen Ära; auch eine Graffito-Inschrift, ebenfalls in Oskisch, auf dem alten Putz der Wände ist ein weiterer Hinweis auf die Bauzeit. An dem Gebäude selbst kann man bereits einige strukturelle Konventionen feststellen, die in der Folge von Vitruv im *De Architectura* für Basiliken zusammengefaßt wurden, auch wenn sie etwas in den drei räumlichen Proportionen abweichen, sowie auch durch die Tatsache, daß der Eingang sich auf der Kurzseite, gegenüber dem Forum und nicht in der Mitte der Längsseite befindet; folglich befindet sich auch das *tribunal* hier auf der hinteren Kurzseite auf einer Achse mit dem Eingang.

Der Haupteingang besteht aus fünf Öffnungen, die von Pfeilern unterteilt werden und durch die man in

einen unbedeckten Vorraum gelangt; auf der Südseite desselben finden wir einen tiefen Brunnen. Von dem Vorraum aus gelangt man zum eigentlichen Eingang der Basilika; die Fassade ist durch vier Stufen erhöht mit vier ionischen Säulen und hat an den Seiten zwei Seitenportale. Der Innenraum ist in drei Schiffe unterteilt: das Mittelschiff wird an seinen vier Seiten durch 28 große Säulen abgeschlossen, die auf einzigartige Weise aus gebrochenen Ziegeln entlang der Auskehlungen angefertigt und mit Stuck verkleidet wurden. Längs der Seitenschiffe befindet sich eine Reihe von ionischen Halbsäulen, die ursprünglich noch von einer zweiten Ordnung korinthischer Halbsäulen bekrönt war; das Dach hatte wahrscheinlich einen einzigen Dachbinder und die Interkolumnien zwischen den Halbsäulen der oberen Ordnung waren ausgespart, um der Basilika Licht zu verschaffen.

In der Mitte der Längsseiten befinden sich zwei Nebeneingänge. An der hinteren Wand befindet sich ein *tribunal*, ein Podium, dessen Stirnseite mit zwei übereinanderstehenden Ordnungen sechs korinthischer Säulen verse-

hen ist. Zwei Seitenräume bilden den Eingang, der von einer ionischen Säule und zwei ionischen Halbsäulen auf Eck eingefaßt wird. Zwischen diesen beiden Räumen und dem *tribunal* geht es über zwei Treppen hinab in einen unterirdischen Raum mit Gewölbe. Das *tribunal*, in das man über zwei Holztreppen gelangte, war einzig und allein den Richtern vorbehalten, die von hier aus ihre Fälle einleiteten und das Urteil sprachen.

Die Basilika war im Bereich des täglichen Lebens und der wirtschaftlichen Vorgänge das wichtigste Gebäude von Pompeji: in ihr war der Sitz des Gerichtes, aber auch wichtige Geschäftsbesprechungen wurden hier abgehalten. Die Basilika wurde zu einer derart entscheidenden Drehscheibe des städtischen Lebens, daß zwei Forscher meinten, es sei passend, sie mit einer modernen Börse zu vergleichen. An den Innenwänden, die ursprünglich im ersten Stil verziert waren, wurden zahlreiche Graffiti gefunden, sie sind unterschiedlichster Thematik: scherzhaft, erotisch und politisch und befinden sich heute im Nationalmuseum von Neapel.

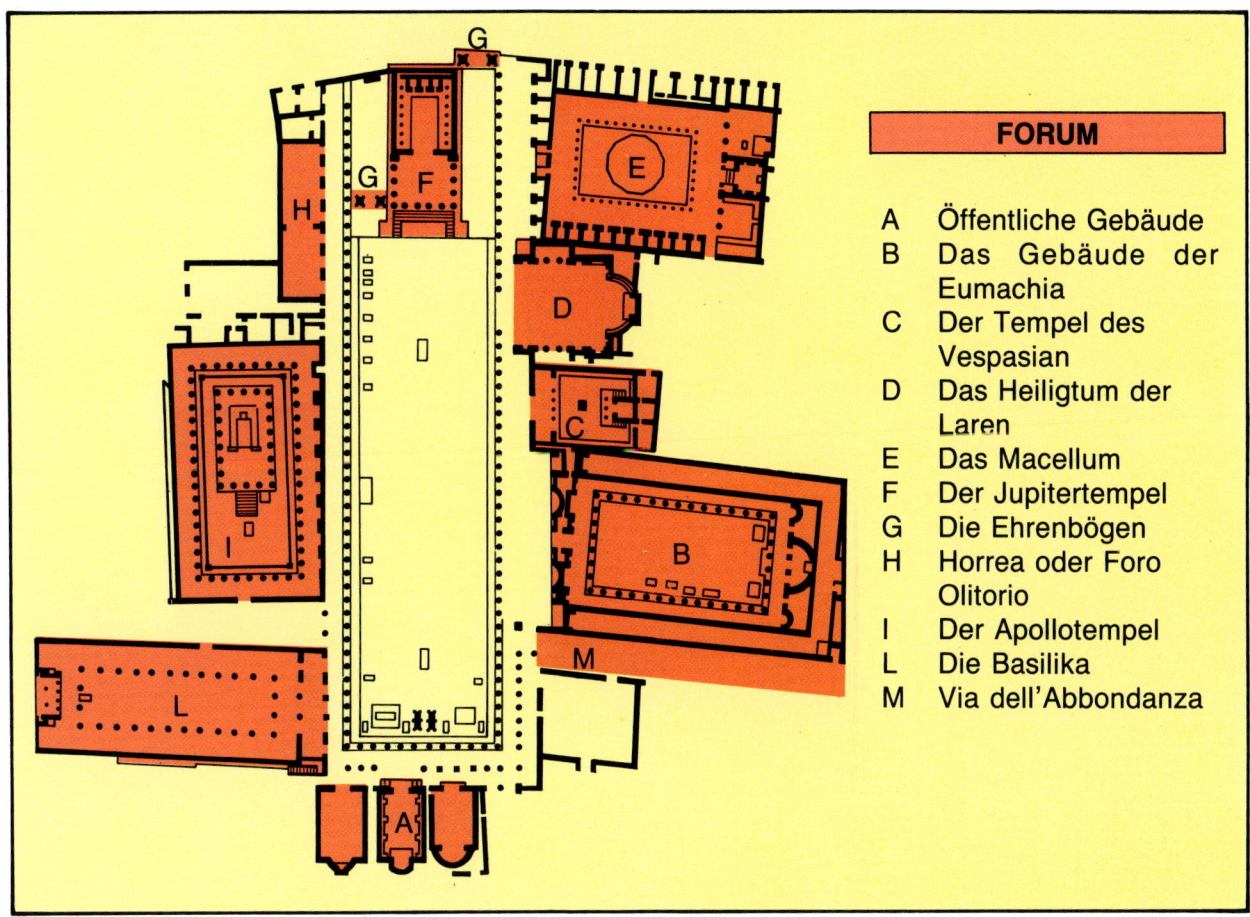

Auf der Nebenseite ein Teil der forensischen Bogenstellung mit dem Jupitertempel im Hintergrund.

DAS FORUM

ALGEMEINER HINWEIS

Das Forum Pompejis erstreckt sich über eine Fläche, auf der im Altertum die wichtigsten Verbindungsstraßen zwischen Neapel, Nola und Stabiaë zusammenführten. Es ist das ursprüngliche Zentrum der Stadt, auch nachdem sich Pompeji sehr ausgedehnt hatte, und das Forum nun am Stadtrand lag, war es nach wie vor im politischen, religiösen und wirtschaftlichen Bereich von grundlegender Bedeutung. Leider verfügen wir nur über genauere Hinweise auf die Ausmaße des Bürgerforums aus neuerer Zeit, sowohl was die Form und die Dimension des Platzes, aber auch die Art der Gebäude betrifft, die sich hier befanden. Bis zum 2.Jh.v.Chr., das heißt relativ spät, wurde das Gebiet des Forums, das sicher bedeutend kleiner war als heute, ausschließlich zu Marktzwecken benutzt, es war nicht durch Säulenhallen abgeschlossen und war von einer Reihe von Geschäften und bescheidenen Gebäuden umgeben, deren Fundamente darauf schließen lassen, daß der Platz einen unregelmäßigen Grundriß hatte. Seit dem 6.Jh. v.Chr. bestand jedoch der Apollotempel, der ursprünglich mit dem Platz verbunden war, in dessen Westteil er immer noch integriert ist, auch wenn er heute leicht abweichend ausgerichtet ist.

Im 2.Jh.v.Chr. findet die grundlegende Veränderung dieser Marktstätte statt, während der auf dieser Fläche monumentale Gebäude entstehen, sei es zu Verwaltungszwecken, oder auch um den Kult öffentlich zu feiern. Der Platz wird auf drei Seiten von einem Portikus in Tuffstein umgeben, bestehend aus zwei Ordnungen: die untere ist dorisch und die obere ionisch, sie werden durch einen Architrav mit Metopen und Triglyphen voneinander getrennt. Aus einer lateinischen Inschrift, die man vor der Basilika fand, erfahren wir, daß der Quästor Vibius Popidius diesen Portikus bauen ließ. Angesichts der Tatsache, daß der Quästor kein überliefertes Amt aus dem römischen Pompeji ist, die Inschrift aber in Lateinisch und nicht in Oskisch ist, kann man darauf schließen, daß die Erbauung des Portikus auf die Jahre der Eroberung durch Silla zurückgeht, sicher aber vor der Gründung der Kolonie Cornelia Veneria Pompeianorum 80 v.Chr. anzusiedeln ist. Aus dieser Zeit stammt auch der Belag des Platzes in Tuffsteinplatten, der zirka 40 Zentimeter unterhalb des ursprünglichen Bodens liegt. Die Stützfläche des Portikus ist im Verhältnis zum Platz um drei Stufen erhöht, um so den Wagen die Zufahrt auf das Forum unmöglich zu machen.

Immer noch während des 2.Jhs.v.Chr. erhält das Forum seine endgültigen Ausmaße: die Nordseite wird durch den Bau des großen Jupitertempels abgeschlossen (der später

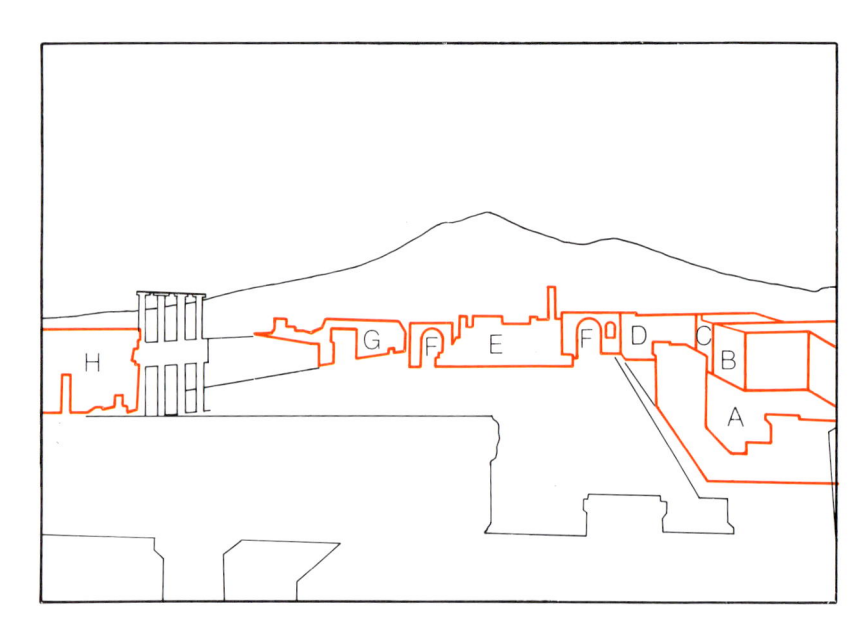

DAS FORUM HEUTE

A   Das Gebäude der Eumachia
B   Der Tempel des Vespasian
C   Das Heiligtum der Laren
D   Das Macellum
E   Der Jupitertempel
F   Die Ehrenbögen
G   Horrea oder Foro Olitorio
H   Der Apollotempel

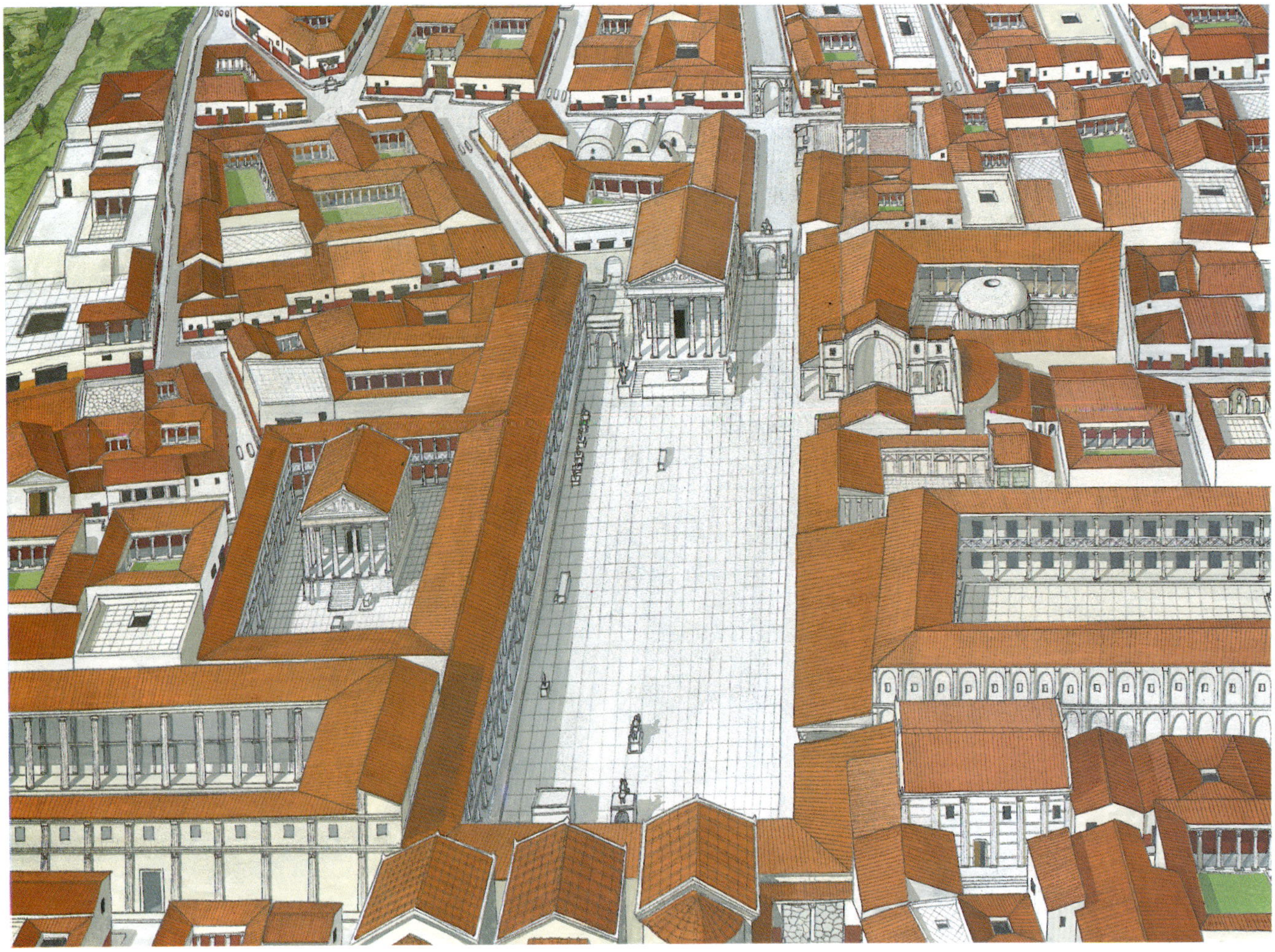

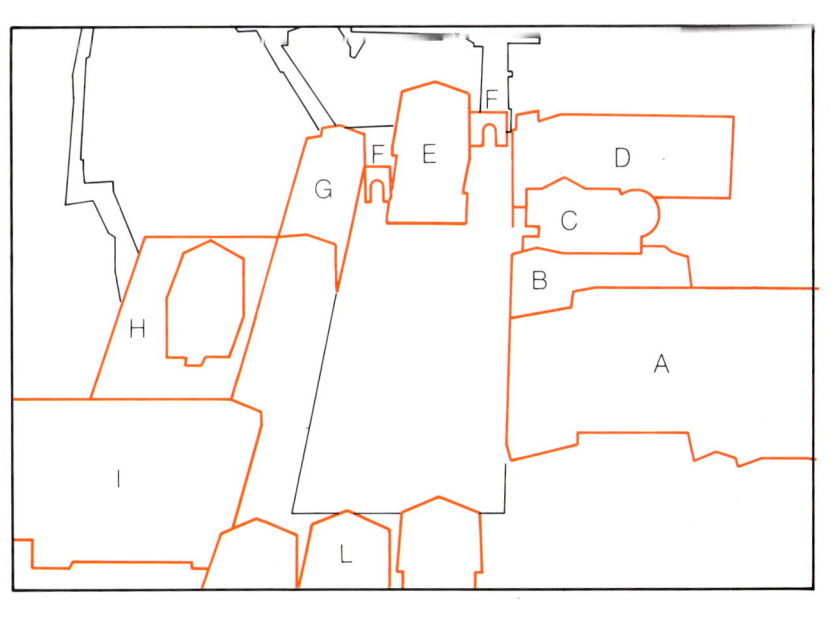

DAS FORUM VON EINST

A Das Gebäude der Eumachia
B Der Tempel des Vespasian
C Das Heiligtum der Laren
D Das Macellum
E Der Jupitertempel
F Die Ehrenbögen
G Horrea oder Foro Olitorio
H Der Apollotempel
I Die Basilika
L Öffentliche Gebäude

Oben ein Teil des Forums und links die Südseite mit den öffentlichen Gebäuden.

zum Capitolium *wird*), während die Südseite durch die Basilika erweitert wird, Sitz der Verwaltungseinrichtungen, der Justiz und des wirtschaftlichen Handels, sowie des Comitiums *für die Wahlen und der drei Gebäude der Stadtverwaltung. Bereits zur Zeit der Samniter gab es eine* mensa ponderaria *(Marmortisch mit Normalmaßen), die in einer Nische stand, die in die äußere Umgrenzungsmauer des Apolltempels eingelassen war; die Gewichte und Maße der Samniter wurden später durch die der augusteischen Zeit ersetzt.*

*In den Jahren, die der Kolonisation durch Silla folgten, konzentrierte sich die öffentliche Bautätigkeit auf die Theater und vor allem das Amphitheater. Zu Beginn der Kaiserzeit entstehen neue Gebäude auch auf dem Forum: auf dem Ostteil des Platzes steht das Gebäude der Eumachia, der Wollmarkt, dem wahrscheinlich wichtigere wirtschaftliche Aufgaben zukamen, der Tempel des Vespasian und das Heiligtum der Laren. Zur Zeit Augustus' wurde der Fußboden mit Travertin erneuert und auch der Portikus aus Tuffstein war nun aus Travertin; diese Arbeiten wurden wegen des Erdbebens von 62 n.Chr. und des Vulkanausbruchs von 79 n.Chr. nie beendet. Ebenfalls unvollendet blieb auch die Rednertribüne (*suggestum*) auf der Westseite des Platzes.*

Keine der Figuren, die zu den Sockeln gehören, die wir heute noch auf dem Forum sehen, wurde wiedergefunden, vielleicht waren sie beschädigt worden und kamen nach 62 n.Chr. nie wieder an ihren ursprünglichen Standort zurück. Vor dem Bau des Amphitheaters fanden auf dem Forum auch die Wettkämpfe der Gladiatoren statt.

Oben die Südseite des Forums und rechts das Modell des Gebietes.

6 - DIE ÖFFENTLICHEN GEBÄUDE

An der Südseite des Forums erheben sich drei nebeneinander stehende Gebäude, deren Ausmaße beinahe identische sind; in ihnen waren die wichtigsten öffentlichen Ämter untergebracht. Alle drei wurden nach dem Erdbeben von 62 n.Chr. mit Ziegelstein erneuert. Das Gebäude im Osten, an der Via dell'Abbondanza, wurde am wenigsten beschädigt; es hat einen rechteckigen Grundriß mit einer Apsis im hinteren Teil. Hier übten die *Duumviri*, die einflußreichsten Amtspersonen der Stadt, ihr Amt aus. Bei dem mittleren Gebäude finden wir ein Podium mit einer Reihe von Säulen an den inneren Längsseiten. Man nahm an, daß sich in den Nischen, die so entstanden, die Holzschränke mit den Unterlagen der Stadtverwaltung befanden. Das Gebäude an der Westseite war der Sitz der Dekurii, aus denen die *Curia*, der Senat der Stadt bestand.

Auf der Nebenseite und oben ein Teil der Bogenstellung gegenüber des Gebäudes der Eumachia.

7 - DAS GEBÄUDE DER EUMACHIA

Das große Gebäude erhebt sich auf der Ostseite des Forums, zwischen dem Tempel des Vespasian und dem Comitium. Nach zwei Inschriften, die man am Architrav des Portikus' am Eingang, der auf die Via dell'Abbondanza führt fand, wurde dieses Gebäude von der Venuspriesterin Eumachia erbaut, die die Schutzherrin der *Fullones*, das heißt der Tuchwalker war. Sie widmete dieses Gebäude der *Concordia Augusta* und der *Pieta*. Dies waren Personifikationen von Tiberius und der Mutter Livia; auch die Entstehung dieses Gebäudes geht auf tiberische Zeit zurück.

Vor der Fassade, die nach dem Erdbeben von 62 n.Chr. in Ziegelstein wiederaufgebaut wurde, steht ein Portikus mit doppelter Säulenreihe. An den äußersten Seiten der Fassade befinden sich zwei große Nischen für die Ausrufer von öffentlichen Versteigerungen. Zwei weitere halbrunde Nischen werden ihrerseits von einem kleineren Nischenpaar eingefaßt, in denen die Statuen von Äneas, Romulus und wahrscheinlich auch von Cäsar und Augustus standen; von den beiden ersteren sehen wir noch die Inschriften der Sockel mit einer Liste der Heldentaten der dargestellten Persönlichkeiten (*Elogia*), die darauf schließen lassen, daß das Gebäude in Anlehnung an das Augustusforum in Rom entstand. Der Eingang wird von einer Marmorleiste von großem künstlerischen Wert eingefaßt; sie ist mit Pflanzen - und Vogelmotiven geschmückt und stammt aus der frühesten Phase des Gebäudes, da sie zu kurz ist.

Ein Gang mit zwei Aussparungen führt in einen geräumigen Innenhof mit einem Portikus mit doppelter Säulenreihe an vier Seiten; in einer dieser Aussparungen befindet sich ein großes Behältnis, um den Harn zu sammeln, den die *Fullones* (Wollwalker) benutzten, um das Tuch zu entfetten. Ein Vorbau im hinteren Teil in Pronaos-Form betont die Existenz einer dahinterliegenden großen Apsis, vor der zwei Säulen stehen, in deren Giebel sich die Kultfigur der *Concordia Augusta* befindet. Ein gedeckter Wandelgang mit großen Fenstern, die für Licht sorgen, läuft an drei Seiten hinter der Wand des Portikus entlang. Im hinteren Teil, an der Rückseite der Apsis, findet man eine Nische mit der Statue der Eumachia, die die *Fullones* stifteten.

Die eigentliche Bestimmung dieses Gebäudes ist aller-

Oben das Gebiet des Vespasianstempels und daneben die Rekonstruktion des Heiligen Bezirks in seinem ursprünglichen Zustand.

dings noch umstritten. Ein nachgewiesener Zusammenhang mit der Kaiserfamilie läßt darauf schließen, daß es ein Gebäude von größerer wirtschaftlicher und kommerzieller Bedeutung war, als nur ein einfacher Wollmarkt, wie man zuerst annahm.

8 - DER TEMPEL DES VESPASIAN

Er steht auf der Ostseite des Bürgerforums, zwischen dem Heiligtum der Laren (Haus- und Hofgötter) und dem Gebäude der Eumachia. Die Anlage hat einen unregelmäßigen Grundriß, bedingt durch den Platzmangel und verläuft quer zur Achse des Forumsplatzes. Die Fassade ist aus Ziegeln und verläuft parallel zur Achse des Portikus, auch ist sie im Vergleich mit dem nahen Gebäude der Eumachia vorgezogen. Von hier gelangt man durch einen Eingang in eine Vorhalle und dann in einen Hof mit vier vorgelagerten Säulen und Außenmauern in Tuffsteinquadern, die in den Ecken verstärkt und mit Pfeilern in Ziegelstein versehen sind. Auf den einfach verputzten Wänden sind Motive mit Blendfenstern ausgeführt, die von Lisenen eingefaßt werden, von dreieckigen und sichelförmigen Giebelfeldern bekrönt. Vor der Fertigstellung des Fußbodens wurde im Hof ein provisorisches Kanalisationssystem des Regenwassers eingerichtet.
In der Mitte des hinteren Teils des Hofes erhebt sich der Tempel, bestehend aus einer Cella in Ziegeln mit zwei Anten; er steht auf einem hohen Podest und ist am hinteren Teil über zwei Seitentreppen zugänglich. Die Cella,

in derem Inneren ein Sockel steht, auf dem sich die Kultfigur befand, war ursprünglich mit einem viersäuligen Pronaos versehen.
In der Mitte des Hofes, vor der Ädikula, steht ein Marmoraltar, dessen vier Seitenwände mit Reliefs verziert sind. Auf der größeren Wand ist die Szene eines Stieropfers abgebildet: ein Priester *capite velato* (mit verhülltem Haupt), begeht ein Trunkopfer auf einem Dreifuß, ihm assistieren einige *Camilli* mit Gerätschaften für das Opfer; hinter ihm stehen zwei Liktoren (Amtsdiener) und ein Flötenspieler. Vor dem Priester steht ein *Victimarius* mit einer Doppelaxt und ein Helfer, der den Stier zum Opfertisch führt. Im Hintergrund dieser Szene ist ein viersäuliger Tempel abgebildet, in dem man die Ädikula im hinteren Teil des Tempels wiedererkennt. Auf den Reliefs der südlichen und nördlichen Altarwand werden Kultgegenstände gezeigt: der gekrümmte Stock der Auguren, das Kästchen mit Weihwasser, eine kleine Tischdecke, die Opferschale für das Trunkopfer, der Krug und ein großer Löffel. Auf der Seite zur Ädikula schließlich sehen wir zwei Lorbeerbäume, Sinnbild des Kaisers Vespasians (früher des Augustus), zwischen denen eine Krone aus Eichenlaub hängt; diese Krone war seit Augustus das Symbol kaiserlicher Macht. Der Tempel also war dem Genie Vespasians geweiht und noch nicht fertiggestellt, als 79 n.Chr. der Vulkan ausbrach. An der Rückwand des Hofes befindet sich eine Tür, durch die man in drei Räume für die Tempelwächter gelangt, die Räume wurden auch als Aufbewahrungsort genutzt.

9 - DAS HEILIGTUM DER LAREN

Das Heiligtum besteht aus einem großen, ungedeckten Atrium und einer großzügigen Apsis an der Rückseite. Im Atrium finden wir Reste eines Fußbodens in *Opus sectile* und einen Altar in der Mitte. Die beiden Seitenwände werden von sechs Nischen unterteilt, die symmetrisch zueinander stehen und mit dreieckigen Giebelfeldern versehen sind, sowie mit zwei symmetrischen Aussparungen, vor denen zwei Säulen stehen. In den Nischen und den Aussparungen standen früher Statuen.

Wie wir bereits erwähnten, ist die hintere Seite des Gebäudes fast vollständig von der großen Apsis ausgefüllt, die mit einem dreieckigen Giebelfeld bekrönt ist. Auf einem Sockel, der die gesamte Apsiswand entlangläuft, steht eine Reihe von Säulen, die ausschließlich dekorative Funktion haben. Auf der Hälfte der Mauer erhebt sich eine Ädikula mit zwei Säulen, die einen Architrav und ein Giebelfeld tragen; in ihr befanden sich die Kultfiguren. Das Heiligtum, das aus einem netzförmigen Ziegelwerk besteht, war keineswegs fertiggestellt, als 79 n.Chr. der Vesuv ausbrach. Das architektonische Vorbild, das auf den Lichtkontrasten der Nischen und Säulen beruht, die die Wände des Inneren auflockern, geht auf die Zeit Neros zurück.

Bei einem Vergleich könnte man feststellen, daß der Altar des Heiligtums mit dem übereinstimmt, der im Lararium des Hauses von L. Caecilius Iucundus in der Opferszene dargestellt wird, als die Bevölkerung nach dem Erdbeben von 62 n.Chr. die Götter um Schutz bittet.

10 - DAS MACELLUM

Das Macellum, oder auch der Lebensmittelmarkt von Pompeji, erhebt sich am Nord-Ostteil des Forums. Dieser Standort erklärt sich durch das Bedürfnis, die Bevölkerung an einer zentralen Stelle der Stadt mit Lebensmitteln zu versorgen und gleichzeitig, am Rande des Forums die Vorgänge auf demselben nicht zu behindern.

Das Macellum ist nicht auf die Achse des Forums ausgerichtet; um dies auszugleichen, nimmt die Tiefe der Geschäfte an der Fassade von Norden nach Süden ab. Das Gebäude verfügt über drei Eingänge; der Haupteingang befindet sich an der Westseite und wird von einer Ädikula in der Mitte in zwei Gänge geteilt. Von hieraus gelangt man in einen rechteckigen Hof, der ursprünglich mit einem Portikus mit Säulen an allen vier Seiten versehen war, was uns die Reste der Travertinstufen beweisen, die als Stylobat für die Säulen dienten, von denen selbst wir keine Überreste haben, da das Gebäude nach dem Erdbeben von 62 n.Chr. restauriert wurde.

IIn der Mitte des Hofes sieht man die zwölf Sockel, auf denen die Stützbalken des konischen Dachs standen, das den zwölfeckig angelegten Raum deckte; hier verkaufte man Fisch, der an einem Brunnen gesäubert wurde; dies beweist eine große Menge Gräten und Schuppen, die in einem kleinen Wasserkanal gefunden wurden, der in der Mitte des Fischmarkts seinen Ausgangspunkt hat. Die Nordseite hat in der Mitte einen Eingang; die Geschäfte befinden sich an der Via degli Augustali und haben keine Verbindung zum Hof des Macellum.

Oben die Reste des Jupitertempels und daneben die Rekonstruktion
des Tempels und der an ihn angrenzenden Bögen.

Drei große Räume öffnen sich uns an der Ostseite. Der
mittlere, in den man über einige Stufen gelangt, ist das
Heiligtum der Kaiserfamilie; auf einem Sockel stand die
Figur eines Kaisers, von der man leider nur einen Teil
wiederfand, in zwei der vier Seitennischen hingegen können wir die Statuen einiger Mitglieder der Kaiserfamilie
bewundern. Der linke Raum wurde zu Kultfeiern benutzt, die in Zusammenhang mit dem Heiligtum in der
Mitte standen, dies beweist ein Altar. Im rechten Raum
finden wir zwei L-förmige große Tische, die dem Verkauf
von Lebensmitteln und Fisch dienten. An der Südseite
reihen sich mehrere Geschäfte aneinander.
In der zweiten Hälfte des 2.Jhs.v.Chr. baute man bereits
ein Macellum: der Hof war größer, die Fassade bis zum
Platz vorgezogen und die Verzierungen im ersten Stil.
Der Grundriß, so wie wir ihn heute sehen, geht auf Veränderungen der Zeit von Julius und Claudius zurück,
wenn auch ein Großteil der Anlage nach 62 n.Chr. wiederaufgebaut wurde; aus dieser Epoche stammt die Verzierung im vierten Stil mit mythologischer Thematik, Still-
leben und architektonischen Stilelementen.

11 - DER JUPITERTEMPEL

Er steht auf der kurzen Südseite des Forumsplatzes. Er war der Dreiheit des Kapitols Jupiter, Juno und Minerva geweiht und zum erstenmal Mitte des 2.Jhs.v.Chr. in Zusammenhang mit der Erweiterung und der neuen Ausrichtung des Forumsplatzes erbaut. Das Podest geht auf die Gründungszeit des Tempels zurück und beherbergt in seinem Inneren zwei Räume (*Favissae*). Es handelt sich um dreischiffige Räume mit Gewölbe, in denen Votivgaben und sonstige Gerätschaften aufbewahrt wurden. Der Tempel verfügt über eine vordere Säulenreihe, mit sechs korinthischen Säulen auf der Frontseite, drei an den Seiten und Pfeilern an den äußeren Ecken der Cella, die mit Kompositkapitellen versehen sind. In der ursprünglichen Version des Tempels, aus der Mitte des 2.Jhs.v.Chr. waren der Pronaos und die Cella kürzer als heute und die frontale Zugangstreppe reichte bis zur heutigen zweiten Interkolumnie; die Cella bestand aus einem einzigen Schiff und hatte im Inneren keine Säulen.

In der zweiten Phase, d.h. Ende des 2.Jhs.v.Chr. erreichte der Tempel seine endgültigen Ausmaße: der Pronaos wurde nun sehr tief und die Stufen teilen sich im unteren Teil, um in der Mitte eine Art Plattform zu bilden, auf die der Altar für die Kultfeier gestellt wird. Seitlich der Stufen standen wahrscheinlich Reiterstandbilder, von denen nur die Sockel erhalten sind. Die Cella wird durch zwei Säulenreihen mit zwei Ordnungen in drei Schiffe unterteilt; die Säulen der unteren Ordnung sind ionisch und die der oberen Ordnung, entlang der Seitenwände, korinthisch. Die Nebenschiffe sind nun extrem schmal.

Die erste Bemalung der Wände wurde im ersten Stil ausgeführt, mit vorgetäuschten Marmorinkrustationen, die wahrscheinlich später, zur Zeit Sillas durch Malereien im zweiten Stil ersetzt wurden. Am Ende der Cella steht ein dreigeteiltes Podest mit einer Stirnseite mit Halbsäulen und Dreiviertelpfeilern in den Ecken; auf dem Podest stand die Kultfigur der kapitolinischen Dreiheit, von der nur ein großer Kopf Jupiters erhalten ist.

Eine dritte Restaurierungsphase fand zur Zeit von Tiberius statt: das dreigeteilte Podest wurde erweitert und mit Marmor verkleidet, der Pronaos wurde mit Travertin belegt; die Außenwände und das Podest erhielten neue Stukkaturen und die Innenwände wurden im dritten Stil ausgemalt.

Einen Eindruck von der Gestalt des Jupitertempels bekommt man durch eine Darstellung in der Hauskapelle im Haus des Caecilius Lucundus, in dem auch die Reiterstandbilder zu sehen sind, die an den Seiten der Stufen standen.

Auf dieser Seite der Ehrenbogen des Drusus; auf der Nebenseite zwei Seiten der Ehrenbögen des Tiberius oder Germanicus.

12 - DIE BÖGEN AN DER NORDSEITE DES FORUMS

Die Nordseite des Forums wird von dem mächtigen Gebäude des Jupitertempels abgeschlossen, der von zwei Ehrenbögen aus Ziegeln flankiert wird; von der ursprünglichen Marmorverkleidung sehen wir leider nichts mehr: der Bogen im Westen, auf der Höhe der Tempelsäulen, war Drusus gewidmet; ein Gegenstück dazu stand ursprünglich auf der gegenüberliegenden Seite des Tempels, wurde aber niedergerissen, um nicht den dahinter stehenden Bogen des Tiberius oder Germanicus zu verdecken. Dieser wurde jenseits des Tempels erbaut und wurde so zu einem monumentalen Eingang zum Forum; die wenig eindeutige Zuschreibung des Bogens rührt von einer Inschrift Germanicus' her, die seinen Sohn Nero erwähnt und in der Nähe des Bogens, zu dem sie wahrscheinlich gehörte, gefunden wurde. An den Seiten des Bogens auf der Fassadenseite gegenüber des Forums befinden sich zwei Nischen, in denen die Staue von Nero und Drusus, den Söhnen des Germanicus standen, sie waren aber auch die Thronerben nach dem Tod des Sohns Tiberius'. Die Sockel der Marmorsäulen, die die beiden Seiten des Bogens schmückten, sind erhaltengeblieben. Die Attika war höchstwahrscheinlich bekrönt von einem Reiterstandbild des Tiberius oder des Germanicus.

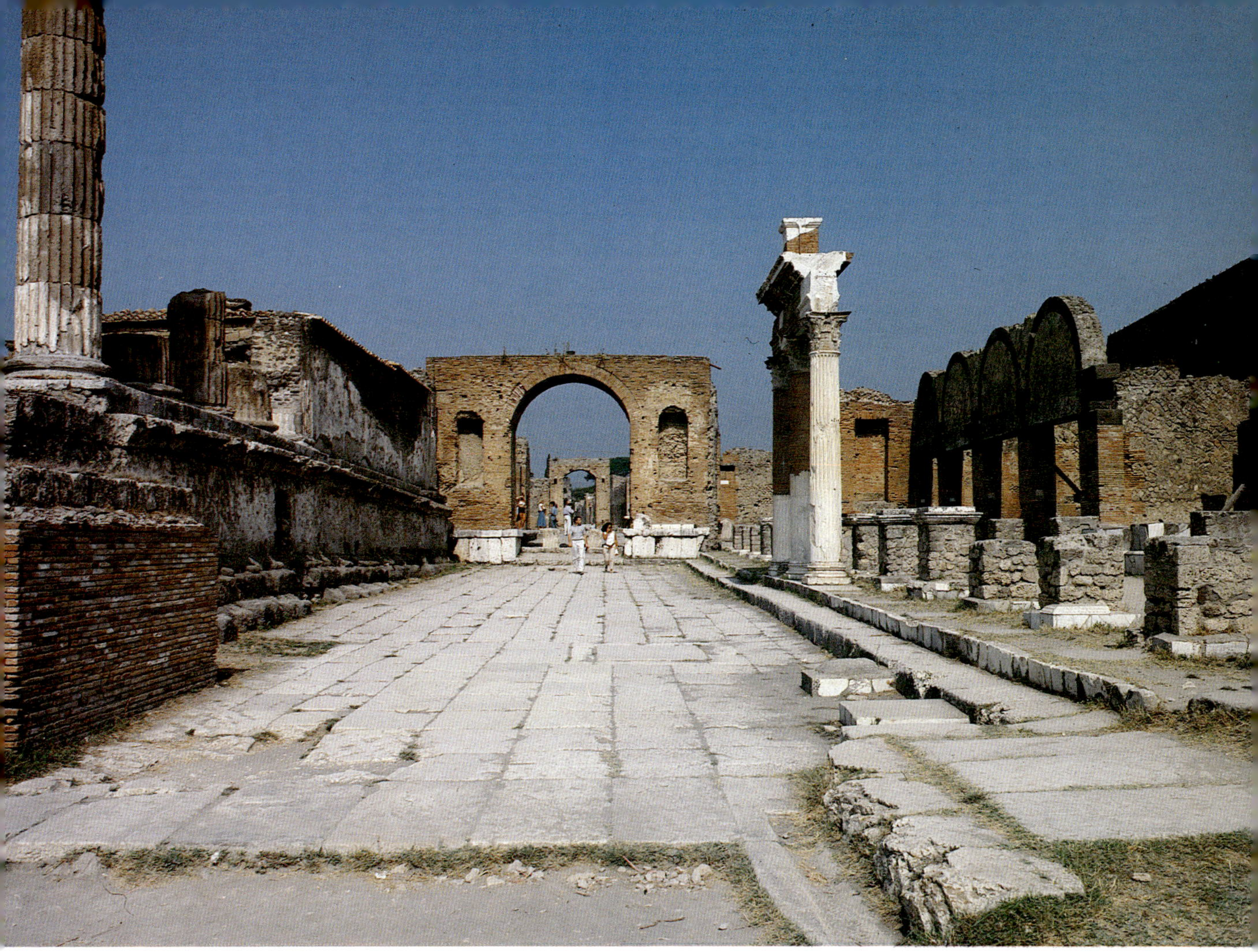

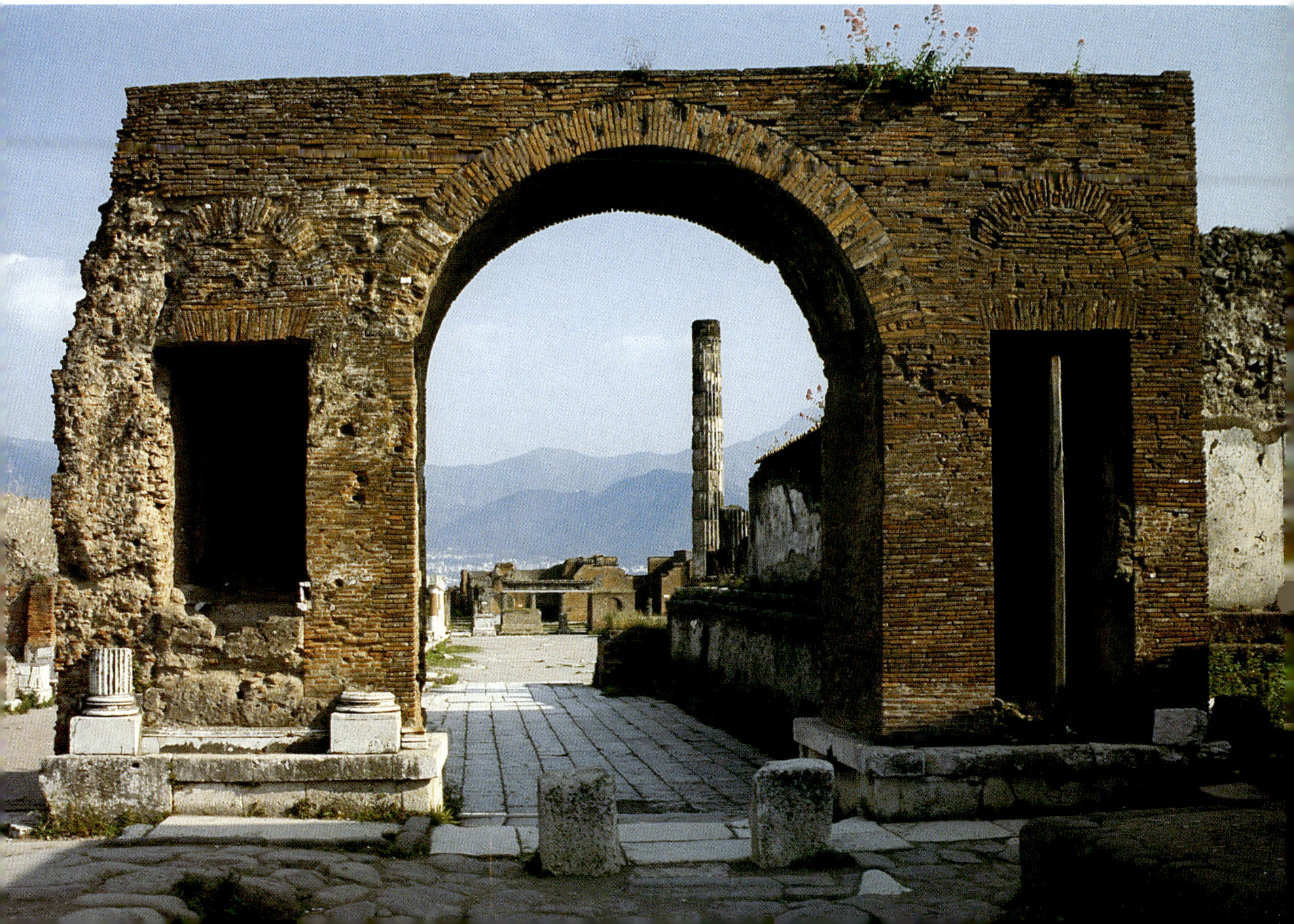

13 - HORREA (GETREIDESPEICHER) ODER FORO OLITORIO (GEMÜSEMARKT)

Dieses Gebäude steht an der Westseite des Bürgerforums, nördlich des Apollotempels. Es handelt sich dabei um einen Portikus am Forumsplatz, dessen Fassade mit acht großen Ziegelsteinsäulen ausgestattet ist, die ebensoviele Eingänge einfassen. Hier befanden sich die Lagerräume für Getreide und der Markt, auf dem dieses verkauft wurde. Bei dem Vulkanausbruch von 79 n.Chr. war das Gebäude noch nicht völlig fertiggestellt. So sind die Innenwände unbearbeitet und unverputzt, auch das Dach fehlt.

Links ein Mühlstein, Architekturfragmente, Gewichte aus Stein und verschiedene Amphoren im Innern des Foro Olitorio; unten die Stirnseite mit Pilastern der Horrea.

Zur Zeit ist der Portikus mit einem modernen Schutzdach gedeckt und mit einem Gitter verschlossen, denn hier werden archäologische Fundstücke aufbewahrt. Man sieht eine umfangreiche Amphorensammlung, Keramikgegenstände für den täglichen Gebrauch, Ölmühlen, Kapitelle, architektonische Bruchstücke und einige Gipsgüsse von Opfern des Vulkanausbruchs aus dem Antiquarium. Bemerkenswert ist ein Maultiertreiber, der sich zusammengekauert die Hände vors Gesicht hält, um sich vor den giftigen Gasen zu schützen; man fand ihn neben dem Skelett seines Maultiers, unter dem Portikus der großen Palästra. In einem Behältnis sehen wir den Gipsabguß eines Hundes, der am Eingang des Hauses des Vesonius Primus angekettet war und sich vergebens, unter großen Anstrengungen versucht zu befreien, um den furchtbaren Qualen zu entkommen.

Rechts der bekannte Abdruck des « Eseltreibers », Opfer der Gase der Eruption; wiederentdeckt in der großen Palästra. Unten eine Reihe Amphoren, die aus Häusern Pompejis stammen.

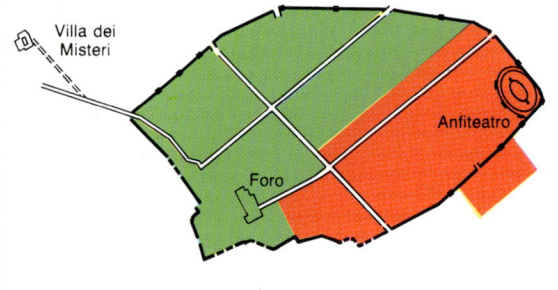

Auf dieser und der Nebenseite die Via dell'Abbondanza und der Brunnen, der jener den Namen gab.

14 - VIA DELL'ABBONDANZA UND DIE WEGKREUZUNG DES HOLCONIUS

Die Via dell'Abbondanza war einer der beiden Decumani (Hauptweg in ost-westlicher Richtung) der Stadt (der zweite besteht in der Via di Nola und seiner Verlängerung Via della Fortuna und Via delle Terme); diese Straßenachsen durchquerten das gesamte Stadtgebiet, auch wenn Pompeji eher gegen Süd-Westen und Nord-Osten ausgerichtet ist. Der westliche Abschnitt der Via dell'Abbondanza verbindet die Via Stabiana, das heißt den *Cardus maximus* (Hauptstraße in nord-südlicher Richtung) mit dem Forumsplatz, hinter dem sich die Straße in der Via Marina fortsetzt und dann durch die Porta Marina hindurchführt. Dieser kurze Abschnitt der Via dell'Abbondanza, der mit der ältesten Entstehung des Stadtbilds von Pompeji assoziiert wird, das um das Forum entstand, wurde später, als sich die Stadt enorm ausdehnte, jenseits der Via Stabiana fortgesetzt. Der Straßenverlauf ist geradlinig, genau parallel zum Decumanus, das heißt der Via di Nola und mündet in die Porta di Sarno.

Diese wichtige Straße verband die bedeutendsten Stellen der Stadt miteinander: das Forum, die Thermen von Stabiaë, bis hin zum Gebiet des Amphitheaters und der großen Palästra. Die Straße war bis zu zirka 8,50 m breit und wurde wahrscheinlich in der Nähe des Forums von den Baumeistern der letzten Jahre des Bestehens der Stadt mit

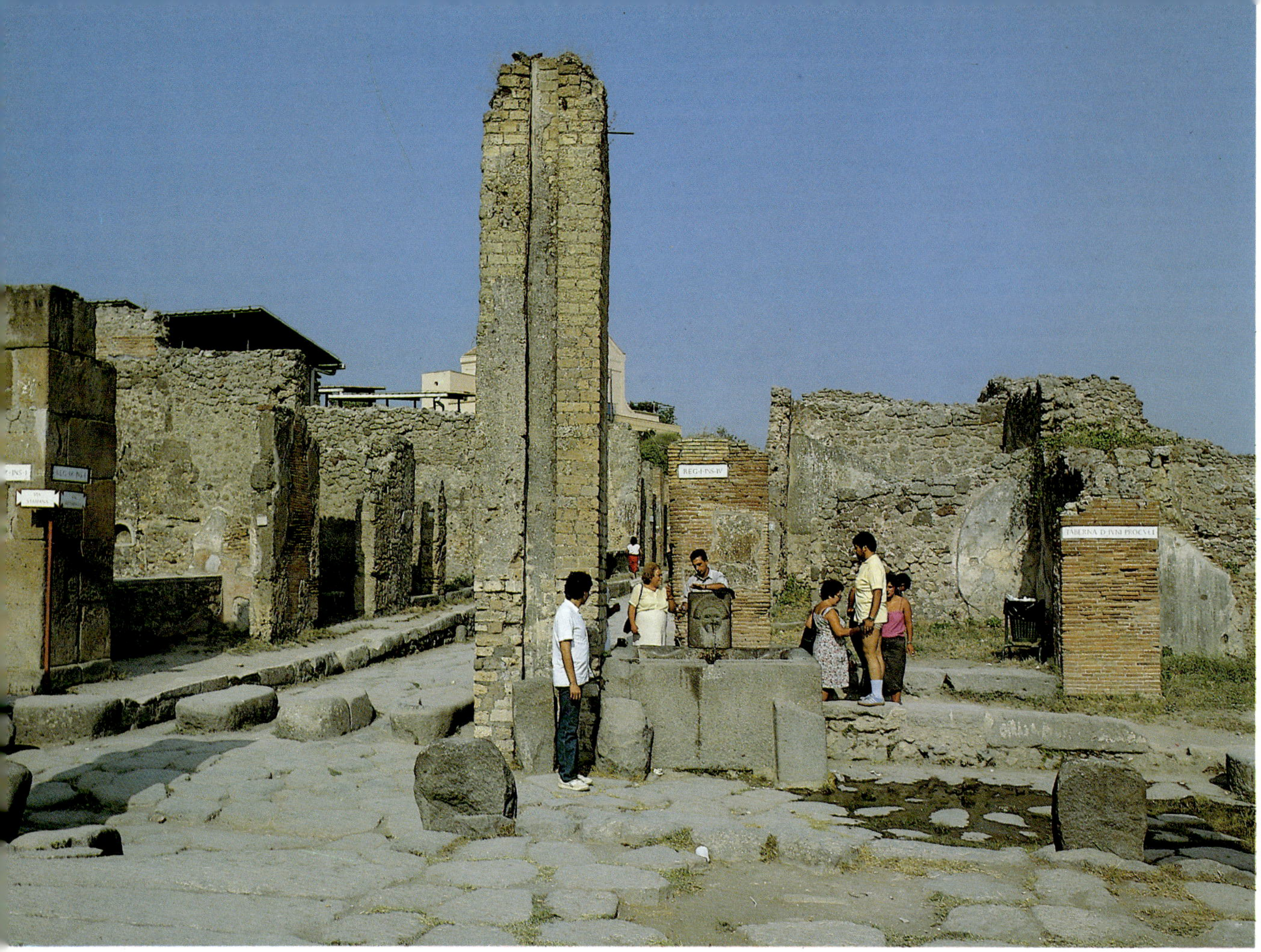

Oben der aktuelle Stand der Wegkreuzung des Holconius und links ein Geschäft in seiner Nähe; auf der Nebenseite eine Rekonstruktion der Kreuzung.

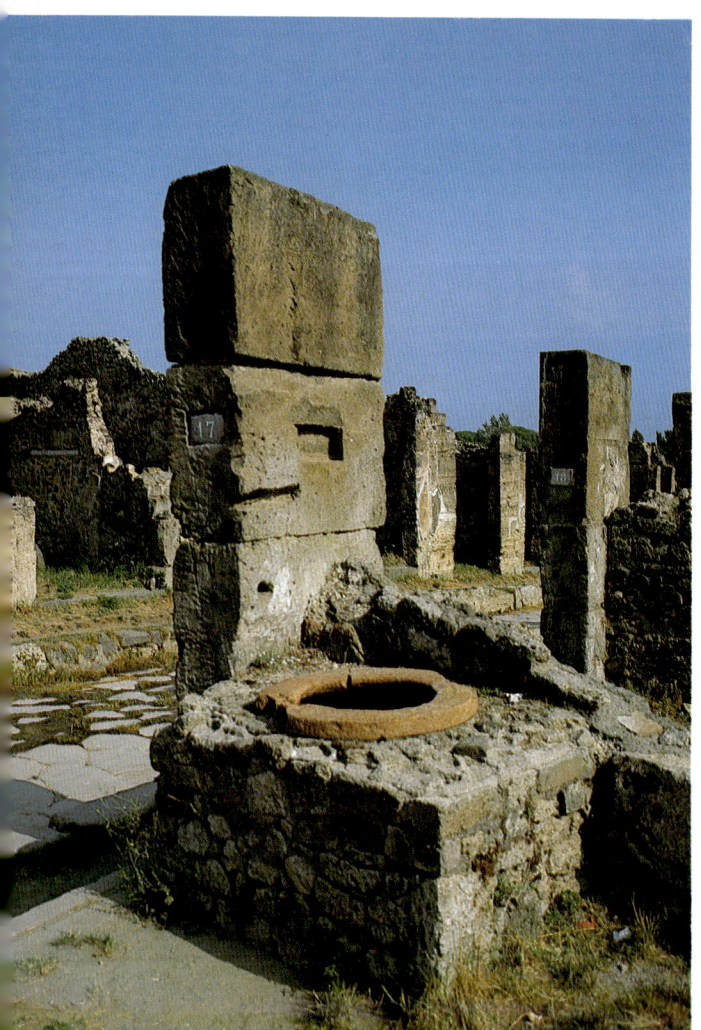

einem neuen Belag versehen. Die Wegkreuzung, die sich aus der Via dell'Abbondanza und der Via Stabiana, also aus *Cardo maximus* und *Decumanus maximus* bildet, wird nach Holoconius benannt, da auf einem Sockel bei einem der vier Stützpfeiler des vierseitigen Bogens ursprünglich die lorbeerbekränzte Statue des M. Holoconius Rufus stand; er war einer der bedeutendsten politischen Führer Pompejis in augusteischer Zeit; sein Wohnhaus steht ganz in der Nähe. Auf der einen Seite der Wegkreuzung sieht man einen Brunnen mit Becken, auf dem die *Concordia Augusta* mit Füllhorn abgebildet ist; fälschlicherweise nahm man an, es handele sich um die Personifizierung der Abbondanza, nach der die Straße benannt wurde.

15 - FORUM TRIANGULARE UND DORISCHER TEMPEL

Das Forum Triangulare finden wir am obersten Teil eines Lavahangs, süd-westlich des großen Theaters und des Quadriporticus der Gladiatoren, in einer eindrucksvollen Lage mit einem Tal, das sich unterhalb des Theaters öffnet. Diese Fläche, so wie wir sie heute sehen, wurde in samnitischer Zeit, im 2.Jh.v. Chr. im Zuge der städtebaulichen Veränderungen des Gebiets der Theater, gestaltet. Man gelangt in die Anlage durch ein Propyleum an der äußersten nördlichen Ecke der Piazza Triangolare, mit

sechs ionischen Säulen und einem davorstehenden Brunnen. Der Platz ist von 95 dorischen Säulen auf drei Seiten gesäumt, die süd-westliche Seite hingegen ist freigelassen, um den schönen Blick auf das Meer nicht zu versperren. Direkt hinter dem Eingang, bei dem nördlichen Portikus, finden wir einen Brunnen und einen Sockel, auf dem die Statue des Marcellus, Enkel des Augustus stand. In der Mitte des Platzes erhebt sich der dorisch-archaische Tempel, von dem leider nur noch die Basen zu sehen sind. Seine Entstehungszeit kann mit Hilfe der wenigen architektonischen Funde auf die zweite Hälfte des 6.Jhs.v.Chr. festgelegt werden. Da der Tempel äußerst schlecht erhalten ist und mehrfach verändert wurde, kann man seinen ursprünglichen Grundriß nur schlecht ablesen. Wir haben Hinweise auf vier verschiedene Phasen, während der an dem Tempel gebaut wurde: zwischen dem späten 6. und dem 2.Jh.v.Chr. Wahrscheinlich wurden hier zwei Gottheiten verehrt, Herkules und Minerva, die in einigen Stirnziegeln abgebildet sind.

Vor der Tempelfassade war die doppelte rechteckige Einzäunung wahrscheinlich der *Heroon* (Heroentempel), in dem mythische Gründer der Stadt verehrt wurde; daran schließen sich drei Altare aus Tuffstein an. Etwas weiter entfernt sehen wir einen *Tholos* (Kuppelbau), mit sechs dorischen Säulen, die einen Brunnen umschließen, der in

Auf der Nebenseite oben der dorische Tempel und unten der von Säulen gesäumte Eingang des Forum Triangolare. Auf dieser Seite oben das Innere der Cavea des Großen Theaters.

das Lavagestein geschnitten wurde. Dieses Gebäude, so erklärt uns eine Inschrift in Oskisch, wurde auf Betreiben des *Meddix* (wichtiges öffentliches Amt in samnitischer Zeit) Numerius Trebius gebaut. Ein halbrunder Sitz mit Löwenpranken (Schola) und eine Sonnenuhr dahinter entstanden in der nord-östlichen Ecke des Tempels auf Geheiß der Duumviri L. Sepunius Sandilianus und M. Herennius Epidianus, die auch die Sonnenuhr vor dem Apollotempel stifteten.

16 - DAS GROSSE THEATER

Das Theater von Pompeji entstand in hellenistischer Zeit zwischen dem 3. und 2.Jh.v.Chr. Es entspricht voll und ganz den architektonischen Vorschriften des griechischen Theaters, dessen Charakteristika auch im Laufe der mehrfachen Veränderungen nicht verlorengingen. Die *Cavea* (Zuschauerraum) entstand durch die natürliche Hanglage und mußte nicht künstlich aufgemauert werden. Das Orchester ist in Hufeisenform angelegt und nicht halbkreisförmig; auch dies war ein griechisches Merkmal, das mit Begeisterung in römisch-italischen Theatern aufgegriffen wurde. Die besondere Lage des Bauwerks in direkter Verbindung mit dem sogenannten

dorischen Tempel und mit dem geweihten Gebiet des Forum Triangulare, zu dem es gehört, ist ein Hinweis darauf, wie ausgeprägt der religiöse Charakter des Theaters in der griechischen Welt war.

Das Theater in seiner heutigen Form ist stark geprägt durch Restaurierungsarbeiten in augusteischer Zeit, wie einige Inschriften beweisen, nämlich unter der Herrschaft des Marcus Holconius Rufus und seines Bruders Marcus Holconius Celer, die einer reichen Familie entstammten und die wichtigsten politischen Ämter Pompejis bekleideten. Marcus Artorius Primus war der Architekt, der für die Veränderungen und Erneuerungen zuständig war: er erstellte die ringförmige Galerie (*Krypta*), auf der die *Summa cavea* ruht und die *Tribunalia*, die Ehrenlogen, über dem Gewölbe des gedeckten *Parodoi* eingerichtet wurden. Die *Parodoi*, das heißt die beiden Gänge, die am Ende der *Cavea* ins Orchester führen, waren ursprünglich, nach griechischer Tradition ungedeckt und wurden um 80 v.Chr. mit einem Gewölbe versehen. Dies geschah kurz nach der Gründung der Kolonie Sillas, vielleicht unter Einfluß des benachbarten Odeions, das damals gerade in Bau war; aus derselben Zeit stammt wahrscheinlich auch der Kopf eines Satyrs im Scheitelpunkt des Bogens der westlichen *Parodos*.

Die *Cavea* wird durch Gänge in *Ima*, *Media* und *Summa*

Oben links ein Teil des Durchgangs — Portikus bei der Bühne des großen
Theaters und rechts die Rekonstruktion
des Innern des Theaters.

unterteilt, die ihrerseits vertikal in fünf Teile (*Cunei*) ge-
teilt sind. Das gesamte Fassungsvermögen beträgt 5.000
Plätze. Auf den breiten und flachen Stufen der vier Rei-
hen der *Ima cavea* standen die Stühle für die Decurionen
(*Bisellia*). Auf der untersten Stufe der zwanzig Reihen der
Media cavea befindet sich in der Mitte, mit allerbester
Sicht, der Platz, der gemäß einer Bronzeinschrift für
Marcus Holconius Rufus reserviert war. An der Innen-
wand der *Summa cavea* wurden die Holzpfähle für das
Sonnensegel angebracht, das vielleicht mittels Zugschnü-
ren an dem Schutzdach der Bühne befestigt war. Im Orchester, das nun nicht mehr für den Chor, Tänze und sze-
nische Veränderungen benutzt wurde, standen jetzt Bas-
sins für die Wasserspiele. Die Wände der *Parodoi* sind
das Verbindungsstück zwischen *Cavea*, Podest und Bühne (*Proskenion*) und der Bühne, die mit der Mauer ab-
schließt und so eine geradlinige fortlaufende Front bildet.
Drei Treppen führen auf die Bühne; hier sieht man noch
die Vorrichtungen für die Pfeiler des Vorhangs, der nicht
von oben nach unten fiel sondern sich von unten nach
oben bewegte. Der hintere Teil der Bühnenwand wurde
nach dem Erdbeben von 62 n.Chr. verändert und war ursprünglich zweistöckig; sie war mit einer großen Apsis in

44

der Mitte ausgestattet und hatte, in Anlehnung an die Fassade eines Palasts, zwei viereckige Nischen an den Seiten. Die Stirnseite war mit mehreren kleinen Nischen ausgestattet, die von Säulen eingefaßt wurden; in den Nischen standen einige Figuren, darunter die des Marcus Holconius Rufus, die anläßlich seines vierten Duumvirats in den Yahren 2-3 v.Chr. hier aufgestellt wurde, sowie die Figur seines Bruders Marcus Holconius Celer. Drei Türen führen von der Bühnenwand in einen großen rechteckigen Raum, der wahrscheinlich der Umkleideraum der Schauspieler war.

In der ursprünglichen Version des Baus war das *Proskenion* nicht erhöht und die Bühnenwand war auf einer Linie mit zwei seitlichen Vorbauten (*Parascenii*), einem italischen Bauelement, die schräg aufgestellt wurden. Von der *Cavea* sehen wir leider nur noch die vier Stufen der *Ima Cavea*, wenige Stufenreihen der *Media* und noch weniger von der *Summa*.

Kürzlich wurden Teile des Theaters wiederaufgebaut, um es erneut für Theateraufführungen nutzen zu können.

Oben das Innere des Odeion und links einer der knieenden Telamonen als Kopfstück der Cavea.

17 - ODEION ODER DAS KLEINE THEATER

Es steht in der Nähe des großen Theaters; sein Bau war offensichtlich schon im Bebauungsplan dieses Gebiets in samnitischer Zeit vorgesehen, auch wenn er erst ausgeführt wurde, als Pompeji sillanische Kolonie wurde (80 v.Chr.).

Zwei Inschriften besagen, daß das Theater auf Betreiben der sillanischen Duumviri Q. Valgus und M. Porcius gebaut wurde. Es besteht aus einer *Cavea*, die von einer rechteckigen Mauer umgeben wird, die ein Dach trägt. Das Odeion war für Aufführungen gedacht, für die sich nur ein geschlossener Raum eignete; zum Beispiel Konzerte, Vorträge von Versen und mimische Darbietungen. Etwa 1.500 Zuschauer fanden hier Platz.

18 - DIE KASERNE DER GLADIATOREN

Hinter der Bühne des großen Theaters erhebt sich ein großer Quadriportikus, dessen Funktion in Zusammenhang mit dem Theater gesehen werden muß, denn gemäß den

Oben der große viersäulige Portikus der Kaserne der Gladiatoren; rechts ein Gladiatorenhelm, der hier gefunden wurde, jetzt im Nationalmuseum in Neapel.

Bestimmungen des Vitruvius nach griechischem Vorbild, sollten die Theaterbesucher wahrend der Pausen die Möglichkeit haben, sich in einer Säulenhalle zu ergehen. Der Portikus von Pompeji ist eines der ältesten Gebäude dieser Art in Italien und entstand zu Beginn des 1.Jhs. v.Chr. Der Eingang zu dem Portikus, der aus 74 dorischen Säulen besteht, war von drei ionischen Säulen gesäumt und befand sich in der nördlichen Ecke. Nach dem Erdbeben von 62 n.Chr. verlor das Gebäude seine ursprüngliche Funktion und wurde eine Gladiatorenkaserne; der monumentale Eingang wurde zugemauert und an einem Eingangstor ein Wachtposten aufgestellt. Gleichzeitig entstanden einige Räume, die über zwei Stockwerke verteilt waren. An der Nord-Ostseite befindet sich der Bereich der Kantine, mit einem großen Halbrund, dem Speisesaal, vier Säulen die davorstanden, einen großen Küche und angrenzenden Aufbewahrungsräumen. In dem Stockwerk darüber lag die Wohnung des *Lanistas*, des Ausbilders der Gladiatoren, die in Zellen entlang dem Quadriportikus wohnten. In einigen dieser Zellen fand man reich verzierte Paradehelme und -waffen, sowie die Überreste von 18 Opfern des Vulkanausbruchs und das Skelett eines Neugeborenen in einem Korb.

In der Mitte der Süd-Westseite finden wir eine Exedra, die im vierten Stil ausgemalt ist mit Abbildungen von

Oben und auf der Nebenseite der aktuelle Stand und die Rekonstruktion des Isistempels.

Mars und Venus, sowie mit Gladiatorenwaffen als Trophäen. An der Süd-Westseite befand sich das Gefängnis, ein deutlicher Beweis sind die Eisenketten, die man an einem Balken fand. Die vier Körper, die hier gefunden wurden, waren jedoch nicht angekettet. Eine aufwendige Treppe an der Nord-Westseite führt zum Forum Triangulare; in einem Stall in der Nähe fand man die Skelette eines Stallburschen und eines Maultiers.

19 - DER ISISTEMPEL

Er steht nördlich des großen Theaters, zwischen der Palästra und dem Tempel des Jupiter Meilichio (wohlwollender Jupiter). Wie uns eine Inschrift auf dem Architrav am Eingang mitteilt, wurde diese Kultstätte nach dem Erdbeben von 62 n.Chr. durch einen Privatmann, den reichen Numerius Popidius Ampliatus im Namen seines Sohnes Numerius Popidius Celsinus restauriert. Der Tempel in seiner Grundform entstand Ende des 2.Jhs.v.Chr. Das Heiligtum wird von einer hohen Mauer umschlossen, im Innern finden wir einen Quadriporticus mit Säulen, in dessen Mitte ein Tempel steht. Dieser Tempel hat einen ganz ungewöhnlichen Grundriß: die Cella, die in der Breite stärker ausgeprägt ist als in der Länge, steht auf einem hohen Podium, davor befindet sich ein Pronaos mit vier Säulen an der Front und zwei an den Längsseiten. Der Hauptzugang besteht aus einer Treppe an der Frontseite, eine kleinere Treppe befindet sich an der Südseite. An den Seiten der Cella, jenseits der Säulen des Pronaos, sieht man zwei Nischen, die mit dreieckigen Giebelfeldern bekrönt sind; darin befinden sich die Statuen von Arpokrates und Anubis, zwei Gottheiten, die eng mit dem Isiskult verbunden waren. An der Außenwand der hinteren Tempelseite öffnet sich eine dritte Nische mit der Statue von Dionysos, zwischen zwei Ohren aus Stuck, die das Wohlwollen des Gottes symbolisieren, das er beim Anhören der Bitten zeigt.

In der Cella finden wir ein innen ausgehöltes Podium für die Kultfigur; bei den Ausgrabungen fand man hier eine große Marmorhand, zwei menschliche Schädel und sonstige Kultgegenstände. Der Außenschmuck des Tempels bestand aus weißen Stuckpaneelen und einem mehrfarbigen Fries mit Pflanzenmotiven. Die Wände des Portikus waren mit einem Motiv aus rosa Streifen versehen, in deren Mitte man die Isispriester sieht, die von architektonischen Motiven und ländlichen Szenen eingerahmt

sind. In der südlichen Ecke fand man eine Venusstatue und eine Bronzebüste von C. Norbanus Sorex, einem Schauspieler. Die Isisfigur, die L. Caecilius Phoebus stiftete, wurde bei der Westecke gefunden. In der Mitte der Ostseite der Säulenreihe befindet sich der Eingang zum Hof, der an den Seiten mit zwei Pfeilern mit angelehnten Halbsäulen versehen ist. An der gegenüberliegenden Wand sehen wir eine Kapelle mit einem Fresko, das ent-

fernt wurde, von einem Priester, der vor Arpokrates steht.

An der süd-östlichen Seite steht das sogenannte *Purgatorium*, ein viereckiges ungedecktes Gebäude, in dem der Reinigungsritus vollzogen wurde; eine Treppe führt in ein unterirdisches Gewölbe, wo sich ein Becken mit dem reinigenden Wasser befindet. Die Fassade ist mit einem geteilten dreieckigen Giebelfeld und einem Fries mit zwei

Oben der große Peristyl um den Garten des Hauses des Menander.

Priesterprozessionen, die sich in der Mitte treffen, versehen. An den Seitenwänden sieht man Darstellungen von Mars und Venus und von Perseus mit Andromeda.

Zwischen dem *Purgatorium* und dem Tempel steht der bedeutendste der Altäre, die sich im Hof und zwischen den Säulen des Portikus befinden. In einem umzäunten Brunnen an der nord-östlichen Ecke des Hofs wurden die Opferreste gesammelt.

An der südlichen Wand des Portikus befinden sich einige Wohnräume für Priester, während der östliche Flügel fast vollständig von der Stirnseite des *Ecclesiasterions* mit fünf bogenförmigen Eingängen eingenommen wird. In diesem großen Saal fanden die Zusammenkünfte der dem Isis-Kult Geweihten statt. Als man diesen Raum entdeckte, fand man auf dem Fußboden die Namen von Numerius Popidius Celsus, seines Vaters und seiner Mutter Corelia Celsa; als Wandschmuck sehen wir fünf Paneele mit religiösen, ägyptisch anmutenden Lanschaftsszenen und zwei Darstellungen von Io in Ägypten und Io mit Argos. Vor diesem Saal fand man die Reste einer arkolithischen Statue. Zwei Räume, die mit dem *Ecclesiasterion* verbunden sind, dienten eindeutig Kultzwecken.

20 - DAS HAUS DES MENANDER

Ein Bronzesiegel, das man in den Räumen der Bediensteten fand, berichtet, daß dieses herrschaftliche Wohnhaus Quintus Poppaeus gehörte, einem Vertreter der einflußreichen *Gens* der Poppaei, die mit Poppea, der zweiten Frau Neros verwandt waren. Als das Gebäude entstand (Mitte des 3.Jhs.v.Chr.), beschränkte es sich auf die Räume um das Atrium; zirka hundert Jahre später wurde das Haus erweitert; die Planimetrie und die Verzierungen, die wir heute sehen, gehen auf das augusteische Zeitalter zurück, als das Haus auf beinahe revolutionäre Weise vergrößert wurde: man baute ein Peristyl, eine Thermalanlage und Räume für die Bediensteten. Bei dem Vulkanausbruch wurden gerade die Dekoration und einige Strukturen restauriert.

Entlang der Fassade findet man einige Sitze, die für die *Clientes* bestimmt waren. Der Eingang wird von zwei korinthischen Pfeilern flankiert; hinter der Vorhalle gelangt man in ein großes, tuskanisches Atrium: das Impluvium in der Mitte hat ein Marmorbecken und die Wände tragen Fresken im vierten Stil mit Medaillons des Kopfes des

Zeus-Ammon und tragischen Masken. An der westlichen Ecke befindet sich ein Lararium in Tempelform mit einem kleinen Doppelgiebel. In den drei Räumen an der Westseite befanden sich ein Abstellraum und zwei Schlafzimmer. In dem weitläufigen Saal an der Ostseite hatte man vorübergehend einen Ofen für die Restaurierungsarbeiten aufgestellt. In der daran anschließenden *Ala* finden wir drei Bilder an den Wänden mit trojanischen Motiven: Kassandra, die von Ulisses bedrängt wird, klammert sich unter den Augen des Vaters Priamos an dem Standbild der Athene fest, während Menelaos Helena am Schopfe packt. Kassandra ist dagegen, daß das Holzpferd nach Troja gebracht wird; Laokoon und seine Kinder, die von Schlangen erwürgt werden. An der hinteren Seite findet man ein Tablinum, das von zwei Gängen flankiert wird, die zum Peristyl führen; in einem dieser Gänge, der am Ende zugemauert und als Abstellraum benutzt wurde, fand man ein Tellerservice hiesiger Produktion.

Der große Garten wird von einem Peristyl abgeschlossen, in dessen Säulen verzierte Schranken eingefügt waren. In dem gegenüberliegenden Raum, in der Nähe der nordwestlichen Ecke, finden wir einen Raum, dessen Wände reich im vierten Stil verziert sind: auf grünem Grund sehen wir stilisierte Motive: Girlanden, kleine Amoren und Medaillons mit Porträts; ein Fries hat eine scherzhafte Darstellung der Hochzeit von Piritous und Hippodamia zum Thema, mit den Kentauren, die die Lapithinerinnen entführen. Der Fußboden ist mit einem nilotischen Mosaik mit Villen und Pigmäen in Booten geschmückt. Die Westseite des Peristyls besteht aus den Baderäumen, in deren Mitte sich ein mit Säulen versehenes Atrium befindet, in dem man noch Spuren eines karikaturalen Frieses mit göttlichen und mythologischen Figuren sieht. Von dem Umkleideraum mit Mosaikboden gelangt man in das *Calidarium* mit Malereien im vierten Stil; das Fußbodenmosaik ist typisch für am Meer gelegene Gegenden und zeigt einen ithyphallischen Neger, der gerade schwimmt und einen, der ein Ungeheuer jagt; am Eingang finden wir die Darstellung eines Dieners, der zwei Behältnisse bringt, ein Phallus ragt aus dem Lendenschurz hervor. An der Westseite des Atriums liegt eine Terrasse mit einer großen Exedra, wo man Sonnenbäder nehmen konnte. Unterhalb des thermalen Sektors liegen unterirdische

Räume, in denen man einen 24 Kilogramm schweren Silberschatz bestehend aus 118 Teilen und ein Kästchen mit Goldschmuck und 1432 Sesterzen fand. An die unterirdischen Räume schließen sich ein Garten mit Senkgrube und die Küche an.

Im südlichen Flügel des Peristyls sehen wir eine Reihe von rechteckigen und halbrunden Exedren, sowie ein Schlafzimmer; in der ersten Exedra rechts, die im vierten Stil ausgemalt ist, befindet sich ein Lararium, wo man Gipsabgüsse der Abdrücke nehmen konnte, die die Holz- und Wachsfiguren der Laren hinterlassen hatten. In der

Oben ein Silberbecher mit Goldmedaillon aus dem Haus des Menander; unten das Modell im Museo della Civilta Romana (Rom) mit der Rekonstruktion des Hauses des Menander im Aufriß.

Auf dieser Seite einige Fundstücke in Silber aus dem Haus des Menander, im Nationalmuseum in Neapel; oben links ein Schmuckkästchen und rechts ein Kelch; unten ein Kübel.

dritten Exedra finden wir das berühmte Gemälde, das den bekannten Kommödienschriftsteller Menander dar- stellt, nach dem das Haus benannt wurde. An den ande- ren Wänden sieht man tragische und satirische Masken. An der Ostseite öffnet sich *Oecus* mit gelbgründigen Wänden, die im vierten Stil mit dionysischen Bildern und Gemälden geschmückt sind. Das angrenzende Triclinium ist das Größte, das man je in Pompeji fand: am oberen Teil einer seiner Wände sieht man ein großes Fenster mit Giebelfeld. Ein seitlicher Gang führt in ein abgelegenes Schlafzimmer. Über eine Treppe an der östlichen Ecke des Peristyls gelangt man in die Räume der Dienerschaft: hier findet man einen Stall, Aufbewahrungsräume, eine Sickergrube und im oberen Stockwerk die Wohnräume der Diener. Dieser Gebäudeteil hatte einen unabhängigen Eingang von der Wohnung des *Procurators* aus, ein ge- wisser Eros, wie wir seinem Siegel entnehmen können, dessen Leiche auf einem Bett, neben der eines kleinen Mädchens und seinen Ersparnissen gefunden wurde. An den Wänden hingen verschiedene landwirtschaftliche Ge- rätschaften aus Eisen.

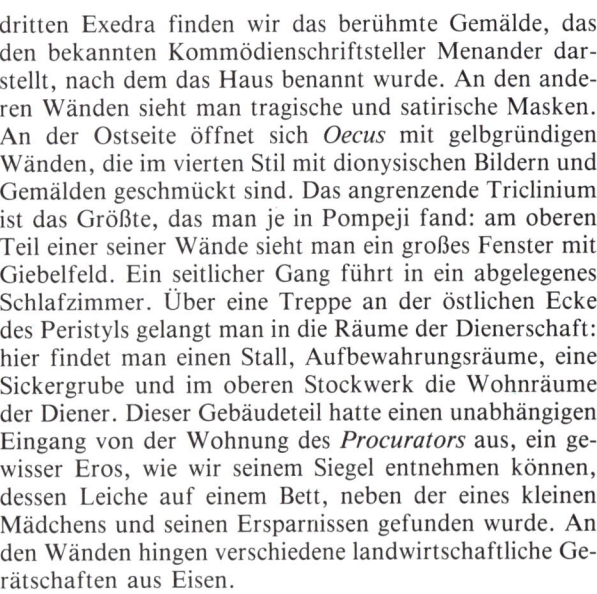

Oben Fresken mit Jagdszenen im Haus der Ceii.

21 - DAS HAUS DER CEII

Dieses Haus wird dank einiger Wahlmanifeste, die auf die Fassade des Hauses gemalt waren, einem Ceius zugeordnet. Die Fassade trägt Stuckverzierungen, die sich am *Opus Quadratum* inspirieren und wird von einem Schutzdach gedeckt. Von den Flügeln der Eingangstür wurden Gipsabgüsse angefertigt.

Von der Vorhalle aus gelangt man in ein viersäuliges Atrium, von dem aus vier Räume abgehen; an der Südseite, rechts der Vorhalle, liegt ein Schlafzimmer mit Wandmalereien im dritten Stil, auf denen eine Dichterin mit einer Leierspielerin abgebildet ist. Links davon, in der Küche, führt eine Treppe in ein Untergeschoß, das der Dienerschaft vorbehalten war. Nördlich des Atriums findet man ein Tablinum und ein Triclinium mit Malereien des dritten Stils, die Dionysos, der einem Tiger Wein zu trinken gibt und eine Bacchantin darstellen.

Im Atrium wird der Gipsabguß eines Schranks aufbewahrt. An der westlichen Wand sieht man die Reste einer Treppe, die in das erste Stockwerk über dem Tablinum führte, das gerade im Bau war. Im Garten sehen wir einen Kanal, der von einem nymphenförmigen Brunnen gespeist wurde, gegenüber steht eine Sphinx mit einem Becken, in dem das Wasser aufgefangen wird. Als Wandmalerei sehen wir Tiere, die sich jagen, nilotische Landschaften mit Pigmäen, Flußpferden, Krokodilen und ägyptischen Gebäuden.

22 - DAS HAUS DER DIADUMENI

Dieses große Haus, das in samnitischer Zeit in der zweiten Hälfte des 2.Jhs.v.Chr. entstand, gehörte wahrscheinlich Marcus Epidius Rufus oder Marcus Epidius Sabinus, dies nimmt man an, da diese beiden Namen häufig auf den Wahlmanifesten an der Fassade und an den Mauern der Häuser der Nachbarschaft erwähnt werden. An der Außenwand, entlang der Fassade, läuft ein zweistufiges Podest entlang, ein äußerst ungewöhnliches Stilmerkmal. Jenseits der Vorhalle gelangt man in ein sehr großes Atrium mit 16 Säulen mit dorischen Kapitellen, die das mittlere Becken des Impluviums eingrenzen. Dabei handelt es sich um das interessanteste der in Pompeji seltenen korinthischen Atrien (oder auch eine Reihe von Säulen die entlang der Seiten des *Impluviums* stehen). Vom Atrium aus gelangt man in einige Räume; entgegen der üblichen Bauweise befinden sich hier die *Alae* in der Mitte der Seitenwände und nicht am Ende. Davor steht ein ionisches Säulenpaar; die Eckpfeiler tragen Kapitelle mit den Köpfen der Mänaden und der Gottheiten. In der *Ala* an der nord-östlichen Seite befindet sich eine Kapelle, die gemäß einer Inschrift am Podium von zwei Freigelassenen namens Diadumeni (daher auch der Name des Hauses) zu Ehren der Laren und des Genies ihres Herren Marcus erbaut wurde, letzterer war einer der beiden oben erwähnten Persönlichkeiten des öffentlichen Lebens.

23 - DIE FULLONICA STEPHANI

Dabei handelt es sich um die einzige Wäscherei Pompejis, die nicht nur behelfsmäßig eingerichtet war, sondern aus dem Umbau eines herrschaftlichen Hauses eigens für diesen Zweck entstand. Als man sie bei den Ausgrabungen 1911 entdeckte, war sie in so gutem Zustand, daß man die Bestimmung der einzelnen Räume nachvollziehen konnte.

In den *Fullonicae* (Tuchwalkereien) wurde die letzte Phase der Tuchherstellung vorgenommen, der restliche Schmutz wurde entfernt, auch wurden hier die Kleidungsstücke für Kunden gewaschen und gebügelt. Der Name des mutmaßlichen Besitzers dieser Wäscherei, ein gewisser Stephanus, wird auf den Programmen der Wahlpropaganda erwähnt, die in der Nähe des Eingangs zu sehen sind und die uns außerdem mitteilen, daß in der *Fullonica* auch Frauen arbeiteten.

Bei dem Vulkanausbruch 79 n.Chr. war die Eingangstür mit einem Riegel verschlossen. Bei den Ausgrabungen fand man im Inneren ein Skelett mit einer äußerst großen Geldsumme (1089,5 Sesterzen), die vielleicht die letzten Einnahmen der Wäscherei war, es sei denn es handele sich um das Vermögen von jemandem, der in der Wäscherei Schutz gesucht hat. Der Eingang ist sehr geräumig, so daß die Kunden nicht beengt waren; im ersten Raum fand man die Reste einer Presse (*Torcular oder*

Auf der Nebenseite oben die Reste der Fassade des Hauses der Diadumeni mit den Säulen des korinthischen Atriums. Auf dieser Seite das Atrium der Fullonica Stephani mit der Wanne für die Wäsche der Stoffe

Pressarium), mit der die Kleider gebügelt wurden. Von hier aus kommt man in ein Atrium, mit einem Impluvium, dessen Becken, das mit einem Geländer versehen war, zu einer Wanne für die Wäsche umgewandelt wurde; das Dach des Atriums war nicht ausgekehlt sondern flach, mit einem Oberlicht an Stelle des *Compluviums* (das einzige bekannte Beispiel dieser Art in Pompeji), um über eine Oberfläche zu verfügen, an der man die Wäsche an der Sonne trocknen lassen konnte.

Jenseits des Gartens mit Peristyl befinden sich weitere Arbeitsräume: drei Wannen zum Waschen, die miteinander verbunden waren, aber kein Abflußsystem hatten und fünf ovale Stampfbecken (*Lacunae Fullonicae oder Saltus Fullonici*). Darin wurde die Wäsche gewaschen, in dem man sie mit den Füßen stampfte, nachdem sie in einem Bad aus Wasser und alkalischen Substanzen, die entfetten sollten, wie Soda, menschlichem und tierischenn Harn geweicht hatten. Bei den Becken fand man Behälter, in denen der Harn für die Wäsche gesammelt wurde. Es ist äußerst interessant zu erfahren, ob der Harn aus öffentlichen Latrinen entnommen wurde, die Vespasian auf Bezahlung einer Steuer einrichtete; früher war es durchaus üblich, daß die *Fullones* die Kunden und auch sonstige Passanten dazu aufforderten, in Amphoren zu urinieren, deren Hals extra zu diesem Zweck entfernt worden war und die in den Gäßchen und am Eingang der *Fullonicae* aufgestellt waren.

Anschließend wurde die Wäsche, die durch den Harn hart geworden war einem Verfahren unterzogen, das sie wieder weich machen sollte, dabei bediente man sich Lehm (*Cretae fullonicae*), darauf wurde die Wäsche geschlagen und erneut sorgfältig gewaschen, um sie von den Resten der vorher verwendeten Substanzen zu reinigen; anschließend wurde die Wäsche gereckt, gerupft, gebürstet und schließlich mit der Presse geglättet. Diese *Fullonica* verfügte auch über Räume für das Personal der Wäscherei: eine Latrine und eine Küche.

55

Oben auf beiden Seiten eine Rekonstruktion der Via dell'Abbondanza und ihrer Geschäfte; auf der Nebenseite ein Stück derselben Straße in seinem heutigen Zustand.

24 - DIE GESCHÄFTE AN DER VIA DELL'ABBONDANZA

1911-12 begannen in Pompeji Ausgrabungen, die zum Ziel hatten, einen langen Abschnitt der Via dell'Abbondanza und die an ihr gelegenen Geschäfte in Richtung Porta di Sarno freizulegen. Diese Ausgrabungen und die sorgfältige Restaurierung ermöglichten es, ein lebhaftes Bild des Lebens zu vermitteln, das sich an einer der belebtesten Straßen Pompejis abspielte. Die Via dell'Abbondanza mit ihren Schildern, die die Kunden anlocken sollten, mit den zweistöckigen Gebäuden und den Balkons an der Straßenseite, mit den Wahlaufrufen an den Wänden und den Wandbeschriftungen, die Passanten hinterließen, war sehr beliebt.

Es scheint, als sei die Via dell'Abbondanza, vor allem in dem Gebiet der Kreuzung mit der Via Stabiana, in den Jahren nach dem Erdbeben von 62 n.Chr. zum wirtschaftlichen Zentrum Pompejis geworden. Man restaurierte und baute vor allem Geschäfte, während die Wohn-

häuser bei dem Vulkanausbruch 79 n.Chr. noch nicht einmal restauriert waren. Dies war auch mit der Bäckerei von Sotericus geschehen, der einzigen Bäckerei an dieser Straße; sie entstand 72 n.Chr. aus dem Zusammenschluß von zwei beschädigten Häusern; daneben finden wir die *Caupona* (Wirtschaft) ebenfalls von Sotericus, sie hatte ursprünglich ein Schild mit der Darstellung der Personifizierung der behelmten Roma-Virtus. Obszöne Wandbemalungen von Seiten der Gäste erinnern an den Liebesdienst, den die Wirtin und die Dienerinnen erwiesen. Nach den zahlreichen Wirtschaften an der Via dell'Abbondanza findet man Geschäfte und Werkstätten unterschiedlichster Art: Wäschereien, Färbereien, die Werkstätten der Tuchwalker und der Eisenschmiede; in einer davon, die einem gewissen Verus gehörte, fand man eine Meßstange *Groma*, ein Gerät mit dem die Landmesser Landparzellen abmaßen. Auf dem Straßenabschnitt bei der Porta di Sarno, bereits außerhalb des Zentrums, stehen die Geschäfte weniger dicht beieinander und die Wohnhäuser, wie das des Octavius Quartio und der Julia Felix gleichen in ihren Ausmaßen und der Planimetrie eher Vorstadtvillen und nicht den Stadtwohnungen.

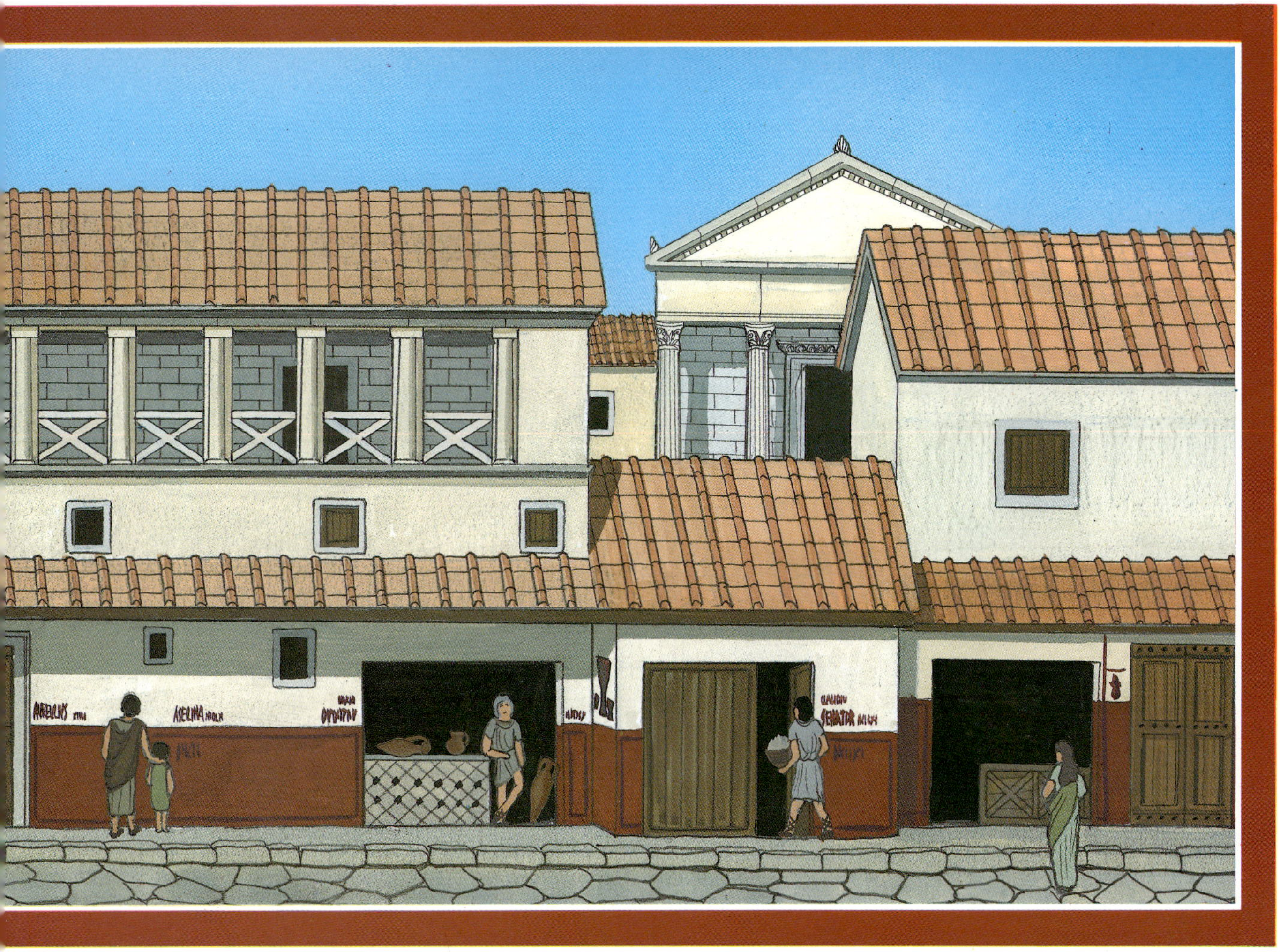
SENATOR

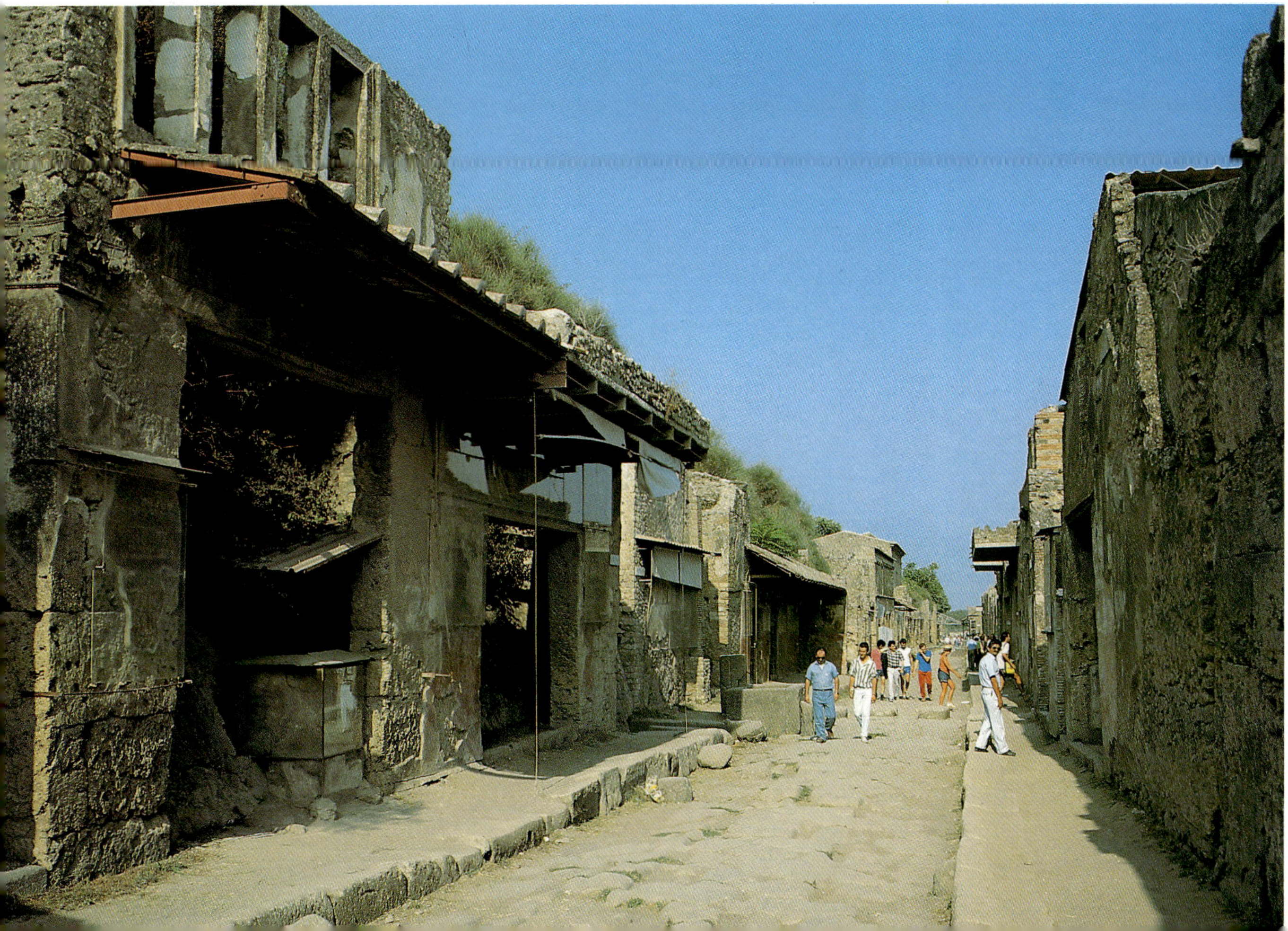

Auf der Nebenseite links die Theke des Thermopoliums neben dem Haus des Sacerdos Amandus und rechts und unten das Fresko auf der Fassade der Werkstatt des Verecundus mit Venus auf Elefanten (oben) und Filzarbeitern (unten).

25 - THERMOPOLIUM MIT LARARIUM

Dieses Thermopolium befindet sich an der Via dell'Abbondanza und hat die übliche L-förmige Theke, mit einer langen Seite am Eingang und einem rechtwinkeligen Teil zum Inneren hin. In der Theke sehen wir die Löcher, wo die Behältnisse eingemauert waren, die Getränke und warme Speisen enthielten. Eine ähnliche Theke, mit derselben Funktion steht an der Seitenwand.

In einem der Tröge der Theke fand man bei den Ausgrabungen die Einnahmen des letzten Geschäftstages - 683 Sesterzen in Kleingeld. An der hinteren Wand des Thermopolium befindet sich ein Lararium mit Stirnseite in Tempelform aus Stuck mit korinthischen Säulen und dreieckigem Giebelfeld, in dem ein Streifen auf weißem Grund gemalt ist, in dem der Genius des Besitzers der Wirtschaft zusammen mit Laren abgebildet ist, die Trunk-

opfer begehen für die Gunst der Götter. Weiter unten sieht man zwei Schlangen, die sich in Richtung auf einen Altar bewegen und ein allgemein ülicher Bestandteil der Hauskapellen sind, denn sie sind ein Symbol der Fruchtbarkeit und der Zeugungskraft.

Eine Tür in der Nähe des Larariums führt in ein Hinterzimmer, das mit dem Atrium des Hauses des Thermopolium-Wirts in Verbindung stand. Das Haus selbst hat einen Eingang an einer Nebenstraße der Via dell'Abbondanza. Ein Cubiculum (Schlafzimmer) ist mit Vogelbildern an den Wänden auf weißem Grund verziert; das Tablinum hingegen trägt keinerlei Dekoration. Ein Triclinium mit sehr schönen Malereien im späten dritten Stil grenzt an ein Gärtchen. Der Sockel ist mit Tiermotiven versehen; weiter oben ist eine Ädikula von architektonischen Verkürzungen, Paneelen mit Bild in der Mitte und Kandelabern umgeben. In der Mitte einer Wand findet man ein Bild mit dem Raub der Europa, die auf dem Rücken eines Stiers dargestellt wird. In dem kleinen Garten, in dem man viele Amphoren fand, steht auch ein Triclinium für den Sommer.

26 - DAS THERMOPOLIUM DER ASELLINA

Hierbei handelt es sich um das Gegenstück des modernen Cafés mit angrenzender Schankstube. In eine L-förmige Theke sind vier große Behältnisse für die Getränke und Speisen eingelassen; am Ende sehen wir eine Feuerstelle mit dem Hals einer Vase darüber für den Rauchabzug.

Man fand einige Gerätschaften für die Bewirtung der Gäste, die heute auf dem Balkon zu sehen sind: Schankkrüge in Tierform, Amphoren für den Wein, einen Bronzekessel und anderes. Eine Bronzelampe, die an der Decke hing, sorgte für die Beleuchtung des Lokals, sie war mit zwei Phalli, einem Pigmäen und Glöckchen versehen, die den Bösen Blick abwenden sollten.

Im hinteren Teil des Raums sieht man noch die Grundstruktur einer Holztreppe, die in die Zimmer des Wirtshauses im oberen Stockwerk führte. An der Außenfassade des Gebäudes sehen wir den Namen der Wirtin Asellina und die «exotischen» Namen der Mädchen (Smyrina, Aegle, Maria), die offensichtlich Ausländerinnen waren, im Lokal die Gäste bewirteten und sich in den Zimmern im ersten Stock als Dirnen verdungen.

Links eine der Wandbeschriftungen zu Wahlzwecken von Pompeji. Auf beiden Seiten einige der Wandbeschriftungen zu Wahlzwecken und Hinweise auf Verkäufe in Pompeji.

27 - DIE WANDBESCHRIFTUNGEN ZU WAHLZWECKEN

An den Mauern der Gebäude Pompejis blieben uns wertvolle Zeugnisse über das tägliche Leben in Form von Wandbeschriftungen jeder Art erhalten. Besonders interessant sind dabei die Wahlprogramme, die in großen roten und schwarzen Lettern direkt auf die Wände der Häuser, Geschäfte und öffentlichen Gebäude gemalt wurden; Spezialisten hierfür waren die *Scriptores*. Sie arbeiteten nachts, mit der Hilfe eines *Lanternarius*, der für Licht sorgte.

Die Auftraggeber dieser Wandbemalungen waren Handwerkerverbände, Stadtviertel oder auch Privatleute. Der Zweck war natürlich der, einen Kandidaten für ein politisches Amt in der Stadtverwaltung zu unterstützen, diese Verwaltung wurde jedes Jahr im März erneuert.
Die Wahlnachricht war in der Regel sehr einfach und direkt, mit dem Namen des Kandidaten und der Bitte, ihn für ein bestimmtes Amt zu wählen, häufig lobte man dann noch seine Ehrlichkeit und Tugenden, begleitet von Wahlversprechen. Obwohl die Frauen kein Wahlrecht hatten, unterstützten einige von ihnen, hauptsächlich Wirtinnen und Geschäftsbesitzerinnen, wie zum Beispie Asellina und die Mädchen ihres Wirtshauses, einen Kandidaten.

28 - DAS HAUS DES TREBIUS VALENS

An der Fassade des Hauses befanden sich zahlreiche Beschriftungen, die leider bei einem Bombenangriff 1943 verlorengingen.

Der vordere Teil des Hauses gliedert sich um ein Atrium mit Becken in der Mitte, an dem die einzelnen Räume liegen. Das erste Schlafzimmer an der linken Seite wurde während der Blüte des zweiten Stils bemalt; an einer Wand findet man den Namen des Hausherren, Valens eingeritzt. In einem anderen Schlafzimmer auf der rechten Seite fand man ein Kästchen mit Schmuckstücken und Salben, was darauf schließen ließ, daß es sich um das Schlafgemach der Hausherrin handelt.

Auf der Nebenseite oben das Tablinium und links das Triclinium des Hauses des Trebius Valens; auf dieser Seite das Atrium des Hauses des Paquius Proculus.

Auf derselben Seite öffnet sich ein rechteckiger Salon, dessen Wände auf schwarzem Grund mit Vögeln und anderen Tieren verziert sind. Im hinteren Teil des Atriums sieht man, wie üblich das Tablinum mit einem großen Fenster zum Peristyl, in das man über einen Gang an der Seite gelangt. Das Peristyl war mit Vorrichtungen für Wasserspiele ausgestattet. Am Ende des Gartens, unter einer Pergola, befand sich ein Triclinium. An der südöstlichen Ecke findet man ein Bad mit zwei Becken, eines für das *Tepidarium* und ein anderes, mit Apsis, für das *Calidarium*. Die Wände des Peristyl sind im Schachbrettmuster bemalt und man liest eingeritzt den ersten Vers der *Äneis* von Vergil.

29 - DAS HAUS DES PAQUIUS PROCULUS ODER DES CUSPIUS PANSA

Es ist unklar, welchem dieser beiden hochgestellten Persönlichkeiten, deren Namen mehrfach in den Wahlprogrammen an der Fassade erwähnt werden, das Gebäude zuzuschreiben ist. Das samnitische Haus verfügt über ein hohes Portal, von dem aus man in eine Vorhalle gelangt, dessen Fußboden mit Mosaiken geschmückt ist, in denen das Por-

Oben die Kolonnade und Pergola mit Biclinium auf der Ostseite im Haus des Octavius Quartio.

tal des Hauses und ein Hund an einer Kette dargestellt sind. Anschließend kommt man in das Atrium, das mit Mosaiken ausgestattet ist, die Tierfiguren darstellen, aber bereits bei dem Erdbeben 62 n.Chr. beschädigt wurden, wie auch die Wandbemalung im vierten Stil, von der wir nur noch zwei Stilleben sehen können. In der Mitte des Fußbodens des Tablinums findet man ein Alabasterrundbild, das von einem Motiv eines doppelten Zopfs, kleinen Palmen und Tieren in einer Umrahmung umschlossen wird. Darauf folgen einige Räume, die sich zum Peristyl hin öffnen; in einem davon fand man die Überreste von sieben Jungen, die sich bei dem Vulkanausbruch hierher geflüchtet hatten. An der nord-östlichen Ecke liegt das Triclinium mit einem *Emblema* mit einer lustigen nilotischen Szene, die Pigmäen beim Fischen zeigt; einer davon fällt aus dem Boot ins Wasser, wo Krokodile und ein Flußpferd mit aufgerissenem Rachen warten. In der Mitte des Peristyls findet man Reste eines Tricliniums für den Sommer, das unter einer Pergola, in der Nähe eines Beckens umgeben von vier Säulen stand. Darunter lagen unterirdische Räume, die Aufbewahrungszwecken dienten.

In einem Raum im hinteren Teil des Peristyls fand man ein humoristisches Mosaik eines Esels, der unter dem Gewicht eines Silen (Waldgeist) zusammenbricht; heute im Museum in Neapel zu sehen.

30 - DAS HAUS DES OCTAVIUS QUARTIO ODER DES LOREIUS TIBURTINUS

Dieses weitläufige herrschaftliche Haus ist nach einem Loreius Tiburtinus benannt, den es gar nicht gab; der Name ist eine Kombination aus zwei Namen, die auf den Wahlprogrammen der Fassade stehen. Tatsächlich gehörte das Haus Octavius Quartio, dessen Bronzesiegel man in einem Schlafzimmer fand, in dem man vorübergehend einen Ofen für die Restaurierung der Wandmalerein hatte, die gerade im Gange waren, als der Vulkan 79 n.Chr. ausbrach. Das Haus gliedert sich in zwei Grundstrukturen: die erste ist samnitisch, traditionsgemäß steht hier das Atrium im Mittelpunkt, die zweite entspricht den vielfältigen und bewegten architektonischen Formen des 1.Jhs.n.Chr. Rechts und links des Eingangs, bei dem wir Sitze für die *Clientes* sehen, stehen zwei *Cauponae* (Wirtschaften), die in Verbindung mit dem Inneren des Hauses stehen; ein Kalkabguß des hohen Portals, das mit Bronzebeschlägen verstärkt ist, kann besichtigt werden. Von der Vorhalle aus gelangt man in das etruskische Atrium, mit Impluvium, das in Blumenbeete verwandelt wurde:

Oben ein Ausschnitt der Fresken des mutmaßlichen isischen Heiligtums des Hauses des Octavius Quartio.

die Anordnung der Schlafzimmer und der *Alae* ist den Vorschriften entsprechend, auch wenn die linke *Ala* zu einem Durchgangsraum für ein angrenzendes Zimmer mit Küche und Toilette wurde.

Jenseits des Atriums gelangt man in einen neuen Raum, der um ein kleines Viridarium (Garten), mit Säulen an drei Seiten angelegt wurde. Der Raum in der Mitte der Westseite war vielleicht eine Isis-Kapelle, darauf jedenfalls lassen die Dekorationen schließen: Pflanzen, Trophäen, kleine Figuren und ein Isispriester mit Kultgegenständen; eine Inschrift weiter unten nennt seinen Namen: Amalius Faventinus Tiburs. Zwei Gemälde an der Frontseite stellen Diana beim Baden und Actaeon dar, der von seinen Hunden zerfleischt wird. Im *Oecus* an der Westseite sehen wir Wandmalereien, im oberen Teil Bilder aus der Sage von Herakles gegen Laomedon und im unteren Teil eine Reihe von Episoden, die mit Achilles (Begräbnisspiele zu Ehren von Patroclus und Priamus, der den Leichnahm von Hector verlangt) in Zusammenhang stehen. Außen sieht man Gemälde von Orpheus, der Tiere mit seiner Leier beruhigt und von Venus, die die Meeresoberfläche in einer Muschel durchfurcht.

Jenseits dieses Peristyls erstreckt sich ein großer Garten, der mehr als die Hälfte der *Insula* einnimmt und durch den zwei Kanäle in T-Form (Euripi) fließen. Am Ende des querlaufenden Kanals befindet sich ein Biclinium, in dem die Mahlzeiten unter freiem Himmel eingenommen wurden, mit einem Ädikula-förmigen Brunnen, der von zwei kleinen Säulen umrahmt ist und die Apsis darstellt, die mit Bimsstein verkleidet ist, um die poröse Oberfläche einer Grotte nachzuahmen; an den Seiten zwei unglückliche Liebesgötter; dann verändert sich das Bild: Narziß spiegelt sich im Brunnen und Thisbe, die sich angesichts des Leichnams ihres Liebhabers tötet, der sich umbrachte, da er glaubte, sie sei von einem Löwen verschlungen worden. Einzigartig ist die Signierung des Malers Lucius an einem Balkon des Bicliniums. An diesem Kanal, der zu beiden Seiten von Säulenreihen und Pfeilern umgeben ist, die eine Pergola tragen, fand man zwölf kleine Statuen unterschiedlicher Thematik, einige davon könnten ägyptisch sein. Der längs verlaufende Kanal war mehr als fünfzig Meter lang, mit drei Becken versehen und wurde durch ein Nymphäum gespeist, das sich unter einem viersäuligen Tempelchen befindet, das am Kreurpunkt der beiden Kanäle steht. Es war rechts und links mit Laubengängen ausgestattet, man fand die Löcher, in denen die Stützpfeiler aus Holz standen. Aufgrund der Spuren, die die Wurzeln hinterließen, kann man feststellen, daß in dem Garten gleichmäßig angepflanzte Baumreihen und Pflanzen standen.

Oben das Fresko mit Venus in der Muschel im gleichnamigen Haus. Auf der Nebenseite oben das Innere des Portikus im Haus der Iulia Felix; unten der Kanal im Garten desselben Hauses.

31 - DAS HAUS DER VENUS IN DER MUSCHEL

Dieses Haus wurde durch das Erdbeben 62 n.Chr. schwer beschädigt; die Restaurierungsarbeiten waren bei dem Vulkanausbruch 79 n.Chr. noch nicht abgeschlossen. Hinter dem Atrium mit Impluvium liegt der bewohnte Teil des Hauses mit einem Garten mit Säulengang auf drei Seiten, von dem aus verschiedene Räume abgehen. An der hinteren Wand des Gartens sehen wir das große Fresko, nachdem das Haus benannt ist: die Venus liegt nackt mit Schmuckstücken in einer Muschel, der Wind bläst in das Segel und die Muschel gleitet, begleitet von zwei Amoretten über das Meer.

Auch wenn die Figur unter anatomischen und künstlerischen Gesichtspunkten von eher mittelmäßiger Qualität ist, ist es der Gesamteindruck, den uns das Bild verleiht, der äußerst beeindruckend ist.

32 - DAS HAUS DER JULIA FELIX

Dieses Haus wurde in zwei verschiedenen Phasen ausgegraben, einmal Mitte des 18.Jhs. und ein zweites Mal zwischen 1936 und 1953. Auf einer Inschrift kann man die Mietbedingungen für Geschäfte mit angrenzenden Wohnräumen, Wohnungen und Thermaleinrichtungen innerhalb des Besiztzes (*Praedia*) der Julia Felix lesen, der, zusammen mit dem bewirtschafteten Boden eine doppelte *Insula* einnimmt.

Der Wohnraum gliedert sich um zwei Atrien, von dem aus man in einen luxuriösen Garten mit Portikus, einem großen Kanal in der Mitte mit Nischen und drei kleinen Brücken gelangt. Vom östlichen Portikus mit Pfeilern, der nach 62 n.Chr. errichtet wurde, gehen mehrere Räume ab, darunter auch ein prunkvolles Triclinium für den Sommer, mit Liegen, die mit Marmor verkleidet sind, sowie auch der Sockel der Wände und eine Nische in Ädikula-Form, aus der ein Wasserfall entspringt. Die Wände sind mit nilotischen Landschaftsmalereien verziert; das Gewölbe ist mit Kalkfragmenten ausgekleidet, in der Absicht, das Innere einer Grotte nachzuahmen. Am östlichen Portikus finden wir einige Nischen, die ähnlich gestaltet sind. Am hinteren Teil, in einem Gebäude, das nicht erhalten ist, befand sich ein Heiligtum der Isis, mit Kultmalereien an den Wänden; hier fand man einen bronzenen Dreifuß mit Satyrn und einer kleinen Silberstatue des Arpokrates.

Die Baderäume wurden vermietet und waren der Öffentlichkeit zugänglich; angesichts der Tatsache, daß nach dem Erdbeben 62 n. Chr. nur noch die Thermen des Forums benutzbar waren, war der Andrang groß. Vom Eingang gelangt man in einen großen Hof mit Portikus, wo die Kunden warteten, ins Bad gelassen zu werden, dies zeigen die Sitze an den Wänden. Von hier aus geht es zu einem ungedeckten Schwimmbad und den eigentlichen Thermalbädern mit *Frigidarium*, *Tepidarium* und *Laconicum*, ein Rundbau für Schwitzbäder; letztere wurden durch ein Heizungssystem unter dem auf *Suspensurae* erhöhten Fußboden mit Hohlräumen erwärmt.

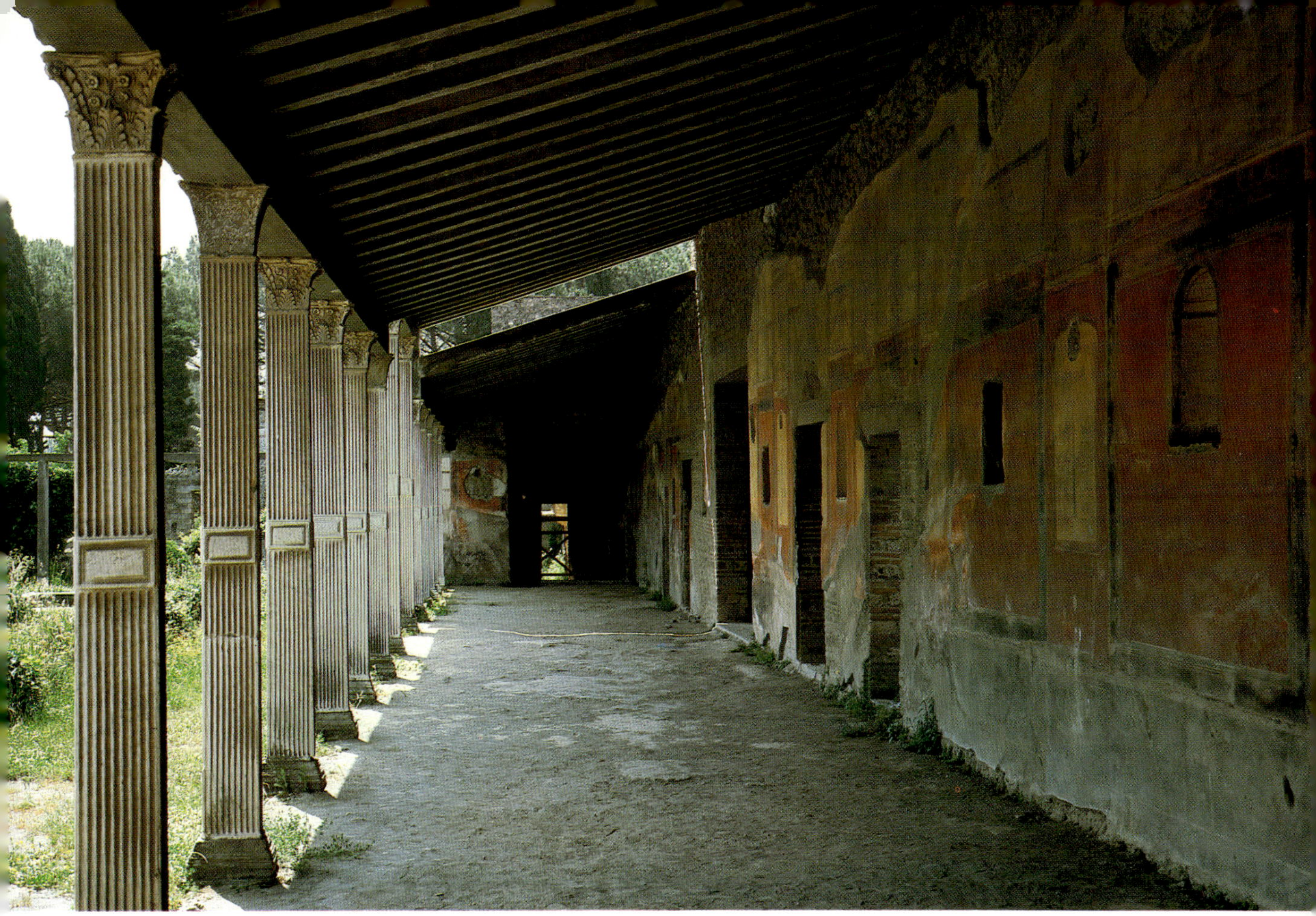

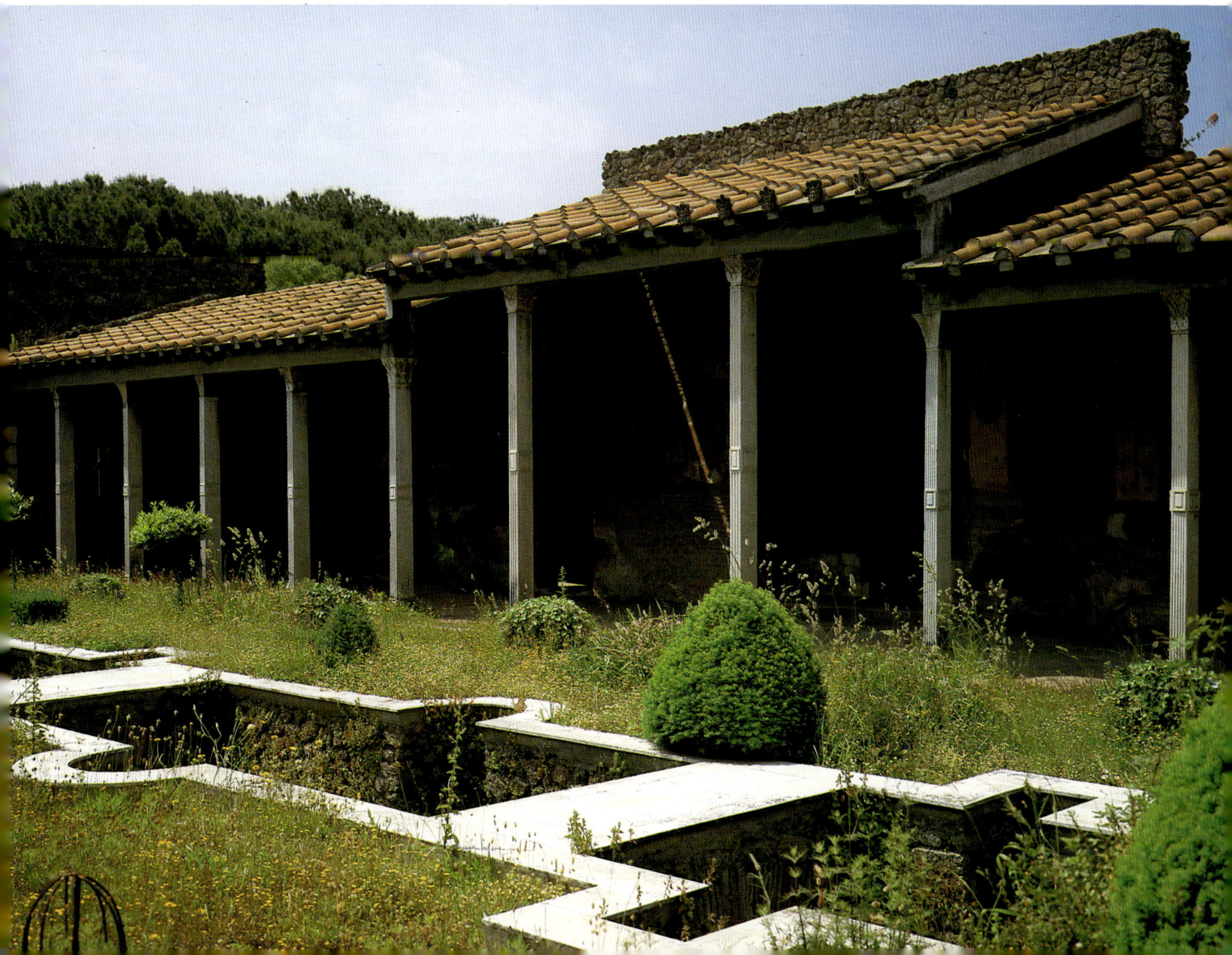

Oben und gegenüber, oben, zwei Ansichten des Amphitheaters. Unten der Komplex der großen Turnhalle.

33 - DAS AMPHITHEATER

Das Amphitheater von Pompeji entstand unmittelbar nach der Gründung der Kolonie Sillas 80 v.Chr. auf Betreiben der beiden Duumviri Quintus Valgus und Marcus Porcius, denen wir auch das Odeion verdanken. Es ist das älteste uns bekannte Amphitheater (das Amphitheater von Tauro, das erste Theater, das in Rom aus Stein gebaut wurde entstand erst 29 v.Chr.) und deshalb wegen dieser Art von Architektur, die für die Römer so charakteristisch ist, äußert interessant. Kampanien ist übrigens als Entstehungsort der Gladiatorenkämpfe bekannt, die mindestens seit dem 4. Jh.v.Chr. belegt sind.

Das Amphitheater steht im süd-östlichen Teil Pompejis; die Wahl fiel auf diesen Standort, da das Gelände zu der Zeit noch nicht bebaut war und man so den inneren Erdwall der Stadtmauer als Unterbau für die östliche Hälfte der *Cavea* verwenden konnte.

Für die Arena wurden zirka sechs Meter unterhalb der Oberfläche ausgehoben; die ausgehobene Erde wurde wiederum als Schutzwall für die westliche Hälfte des Bauwerks genutzt. Hier baute man eine Grenzmauer mit Strebepfeilern und großen Blendbögen, die die Fassade der Anlage bildet: von hier aus führen zwei doppelte Treppen in westliche Richtung und zwei einfache Treppen nach Norden und Süden, von denen man in einen ungedeckten Wandelgang gelangt, der als *Summa Cavea* diente. Zur *Media* und *Ima Cavea* kam man über vier Gänge, die zur

Crypta führten, einen Tunnel mit Gewölbe, der unterhalb der inneren Stufen der *Media Cavea* verläuft und sich zwischen Arkaden zu zwei Sitzreihen öffnet. Die beiden Hauptgänge führen auch zu den Eingängen der Arena, die am Ende der Hauptachse liegen und für die Wagen gepflastert wurden. Der nördliche Gang verläuft regulär auf derselben Achse der Arena, während der andere Gang an der Westseite des Gebäudes verläuft, dann aber rechtwinkelig abbiegt und am südlichen Ende der Arena mündet, wo man keine Öffnung hatte, da diese Seite an die Stadtmauer grenzt.

In zwei Nischen, die den Nordgang, der als Haupteingang diente, säumen, standen die Statuen von Caius Cuspius Pansa und seines gleichnamigen Sohns, so erfährt man aus Inschriften; diese beiden Persönlichkeiten hatten bedeutende Ämter inne, wie zum Beispiel die der Duumviri; auch machten sie sich bei den Restaurierungen des Amphitheaters nach dem Erdbeben von 62 n.Chr. sehr verdient.

Die elliptische Arena ist von einer mehr als zwei Meter hohen Brüstung umgeben, die ursprünglich mit Gemälden verziert war, die Jagd - und Kampfszenen darstellten. Die *Ima Cavea* war für hochgestellte Persönlichkeiten reserviert und in Abschnitte aufgeteilt: die ersten vier Reihen bestanden in der Mitte aus Podesten, auf denen die *Bisellia* standen; die Plätze an der Ostseite waren für die Dekurii und die der Westseite für die Duumviri und den Veranstalter reserviert. Die *Media* und *Summa Cavea* sind durch Treppchen in Keile unterteilt. Auch heute

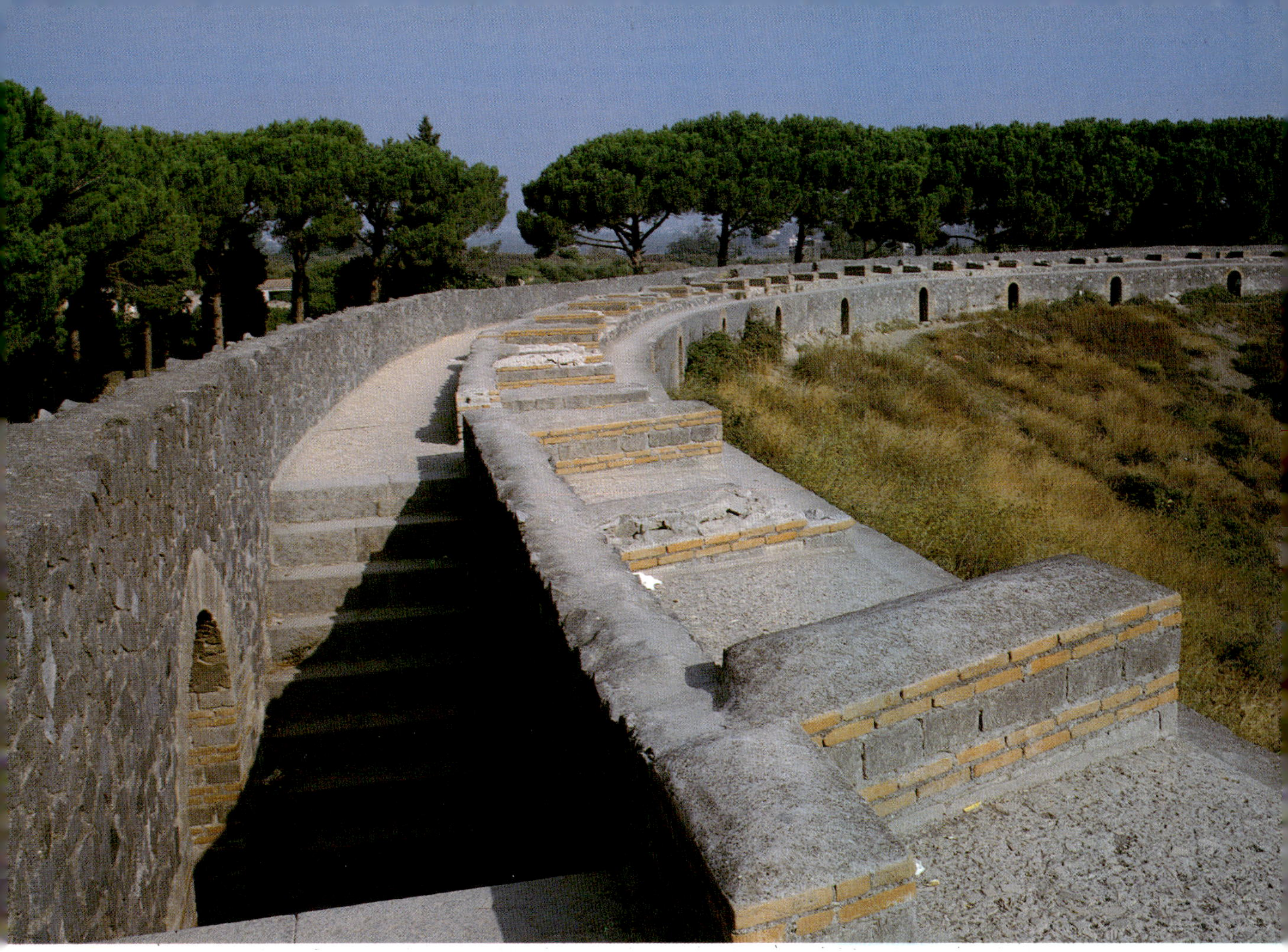

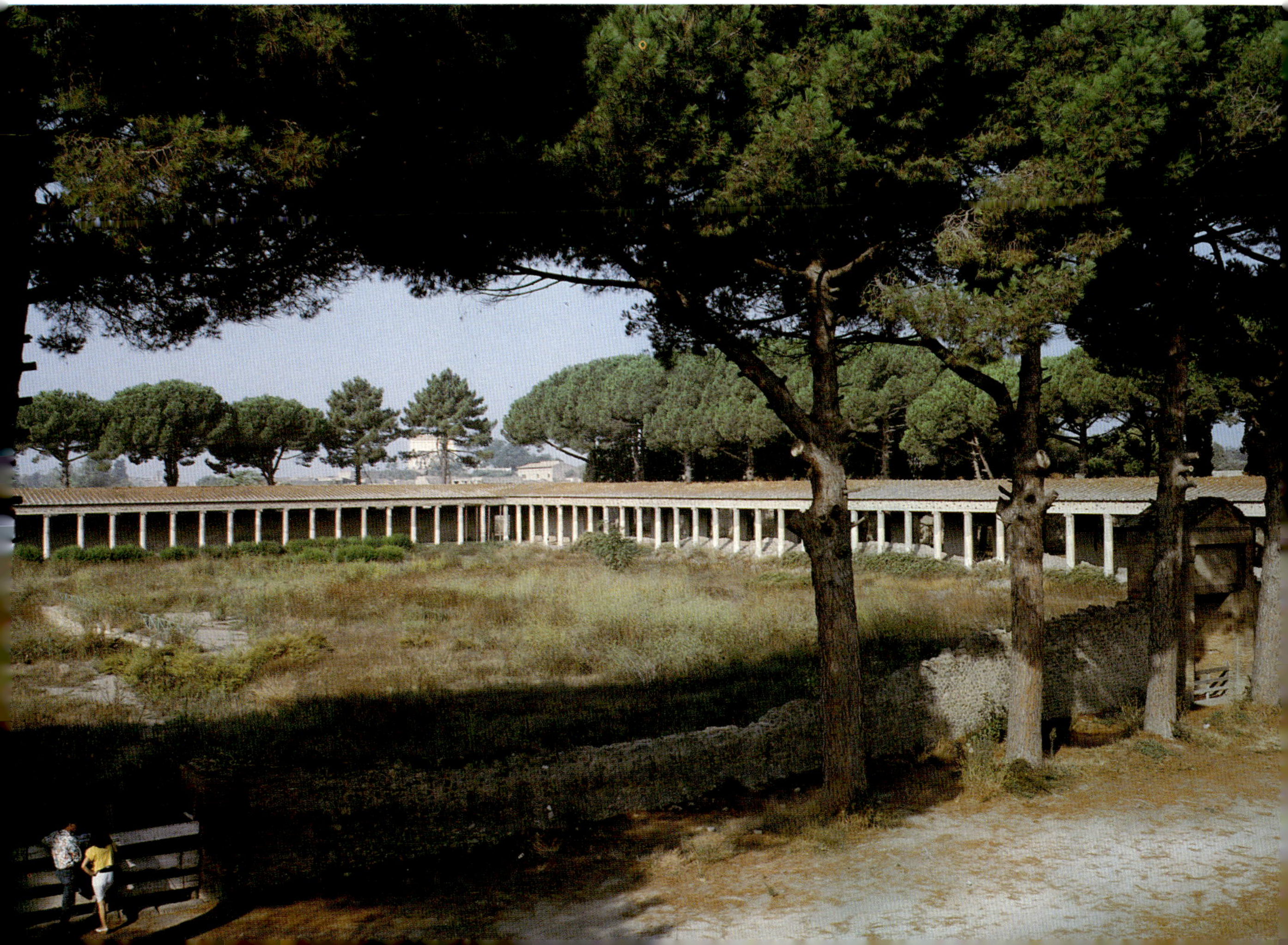

Ein Teil der Nekropole nahe der Porta Nocera.

kann man noch sehen, daß nicht alle Abschnitte über Steinsitze verfügten, in der Regel waren sie aus Holz. Das *Velarium* (Sonnensegel) aus Leinen schützte die Zuschauer vor Sonnenstrahlen; es wurde von Pfählen getragen, die mit einer doppelten Reihe von Steinringen am oberen Teil der Außenwand befestigt waren.

Im Amphitheater fanden sowohl Jagden (*Venationes*) als auch die Gladiatorenkämpfe (*Munera*) statt; sie wurden von den bedeutendsten Persönlichkeiten der Stadt veranstaltet, die ihre Freigebigkeit, als wirksames Werbemittel einsetzten. An den Häuserwänden Pompejis findet man häufig Plakate, die die Kämpfe ankündigen und das Programm mitteilen. Das Schauspiel in der Arena wurde mit großer Begeisterung verfolgt und gemäß einiger Inschriften gab es Gladiatoren, die sehr beliebt wurden. Entweder waren es Sklaven, Kriegsgefangene, die um ihre Freiheit kämpften oder Verbrecher, die sich loskaufen wollten. Ein blutiger Tumult zwischen Pompejanern und Norceranern ging in die Geschichte ein, bei den Auseinandersetzungen im Amphithaeter, anläßlich eines Gladiatorenkampfes gab es zahlreiche Tote und Verletzte, so daß sogar Tacitus in seinen *Annales* davon spricht. Nero selbst und der Senat beschäftigten sich mit dem Problem: die Rädelsführer wurden ins Exil geschickt und in Pompeji waren Veranstaltungen in Amphitheater zehn Jahre lang verboten; dieses Urteil wurde nach drei Jahren, nach den Verwüstungen, die das Erdbeben 62 n.Chr. anrichtete, wieder rückgängig gemacht.

34 - DIE GROSSE PALÄSTRA

Die Palästra steht am östlichen Stadtrand in der Nähe des Amphitheaters. Sie entstand in augusteischer Zeit im Zuge kaiserlicher Progaganda-Projekte, die zur Gründung der *Collegia iuvenum* führten; dies waren Jugendorganisationen, die nicht nur die Leibesertüchtigung zum Ziel hatten, sondern auch die Erziehung der zukünftigen Bürger gemäß der Grundsätze der neuen politischen Ideologie. Die Palästra der Iuventus Pompeiana erstreckt sich über eine große Fläche (141x137 m) und besteht aus einem zentralen Platz für gymnastische Übungen, der von einer hohen Mauer mit zehn monumentalen Eingangstoren umgeben ist. Innen, an drei Seiten verläuft ein Portikus bestehend aus 118 Säulen aus Backstein, die mit Stuck verkleidet sind; ursprünglich standen davor zwei Platanenreihen, deren Wurzeln in Gipsabgüssen erhalten sind. In der Mitte des Hofs sieht man ein großes Schwimmbecken mit abfallendem Grund von 1 auf 2,50 m Tiefe. An der süd-westlichen Seite öffnet sich ein Raum, vor dem zwei Säulen stehen, mit einem Sockel bei der hinteren Wand; offensichtlich war dieser Raum dem Augustuskult vorbehalten, dem Schutzherren der *Collegia*. An der süd-östlichen Seite befindet sich eine große Toilette. Während des Erdbebens 62 n.Chr. wurde die Palästra stark beschädigt und die Restaurierungsarbeiten waren bei dem Vulkanausbruch 79 n.Chr. noch nicht abgeschlossen.

Zwei Ansichten des sogenannten « Garten der Fliehenden »

35 - NECROPOLE DER PORTA NOCERA UND GARTEN DER FLIEHENDEN

Gleich außerhalb der Porta Nocera liegt eine Nekropole, die aus einer ganzen Reihe von Gräbern längs der Via Nocera besteht. Die Grabstätten sind unter sich verschieden, einige wie Gruften, würfelförmig, mit Altar, ädikula- oder Halb- rundgräber, usw., die in ihrer chronologischen Reihenfolge von der Zeit der Republik bis zu den letzten Jahren Pompejis gehen. An der Kreuzung zwischen dieser Straße und der, die von der Porta Nocera herunterkommt, erinnert ein Gedenkstein aus Travertin daran, daß der militärische Tribun Titus Suedius Clemens auf eine Verordnung des Kaisers Vespasian hin hier die Grenzen des öffentlichen Grund und Bodens neu festgelegt hatte. Neben dem Grenzstein sind in einer niedrigen Struktur, auch « Garten der Fliehenden » genannt, die Abgüsse einiger Opfer des Vesuvs untergebrtacht. Die dreizehn Menschen, deren Körper hier aufgefunden wurde, waren durch die vom Winde hergewehten Schwefelgase vergiftet worden. Asche und Bimsstein, die diese Körper zugedeckt hatten, erstarrten im Lauf der Zeit, und sparten die Hohlräume der Körper aus, die bei den Ausgrabungen mit Gips ausgegossen wurden, so daß heute nach vielen Jahrhunderten, die Formen der ehemaligen Einwohner von Pompeji erhalten geblieben sind.

III. TEIL

Die Thermen von Stabiae - Die Via Stabiana - Das Lupanarium - Via degli Augustali - Die Brotbäckerei des Vicolo Torto - Das Haus des M. Lucretius - Das Haus der Silbernen Hochzeit - Das Haus des Zentenariums - Das Haus des M. Obellius Firmus

Villa dei Misteri

Foro

Anfiteatro

Auf dieser und auf der Nebenseite einige Ansichten des Gebietes der Palästra dazugehörigen Säulengang im innern der Thermen von Stabiae.

36 - DIE THERMEN VON STABIAE

Diese Thermalanlage erhielt ihren Namen, durch die Lage auf einem Gelände, das von der Via Stabiana und der Via dell'Abbondanza gesäumt wird. Hierbei handelt es sich um die ältesten Thermen von Pompeji und man trifft auf Hinweise aus vier verschiedenen Bauphasen. Der älteste Teil der Anlage geht auf das späte 4.Jh.v.Chr. zurück und bestand aus der Palästra, einer Reihe von Zellen mit Wannen an der Nordseite und und einem Brunnen für die Wasserversorgung. In dieser frühen Phase wurde die Palästra trapezförmig angelegt, da der Platz durch zwei antike Straßen und den Garten eines Hauses, das später abgerissen wurde, genau vorgegeben war.

Der allgemeine Bauplan der Thermen stammt jedoch aus dem 2.Jh.v.Chr., wie wir indirekt aus einer Inschrift der Duumviri der Kolonie Sillas, C. Uulius und P. Aninius erfahren, die behaupten, die Palästra und den Portikus wiederaufgebaut zu haben, ein *Laconicum* für die Schwitzbäder und ein *Destrictarium* für die Reinigung des Körpers gebaut zu haben. Der Eingang befindet sich an der Via dell'Abbondanza; von hier aus gelangt man in den Vorhof der Palästra mit einem Portikus an drei Seiten und einem Eingang, der von zwei Pfeilern gesäumt wird; diese Anordnung wiederholt sich am Portikus auf der gegenüberliegenden Seite. An der Westseite befindet sich in der Mitte ein Schwimmbecken (*Natatio*), mit zwei Räumen auf beiden Seiten, wo die Besucher sich vor dem Bad wuschen und einem Umkleideraum. Diese Räume sind mit mehrfarbiger Stuckverzierung versehen, die aus den Jah-

Rekonstruktion des Innern des Thermopoliums mit Lararium.

TERMOPOLIUM MIT LARARIUM

Dieser Ausschank, wo Essen und Trinken an die Öffentlichkeit verkauft wurden, hat den typischen rechteckigen Verkaufstisch, in dem die Krüge zur Aufbewahrung warmen Gerichte eingelassen sind. Daneben wurden verschiedene Amphoren für den Wein aufgefunden, außer dem Getränkevorrat im dahinterliegenden Lagerraum. Die zahlreichen Kunden (denn die Einkünfte, die bei den Ausgrabungen gefunden worden waren, waren beträchtlich) konnten hier auch einen besonderen Wein probieren, den ein Jude herstellte (« *Ioudaikòs* »), und der so schwarz wie Tinte war (« *truginon* »). Auf dem kleinen Bild an der Hinterwand, auf dem die Schutzgötter dargestellt sind (daher der Name Termopolium) kann man Merkur, den Beschützer des Handels und Dionysius, den Beschützer der Rebe und des Weins erkennen.

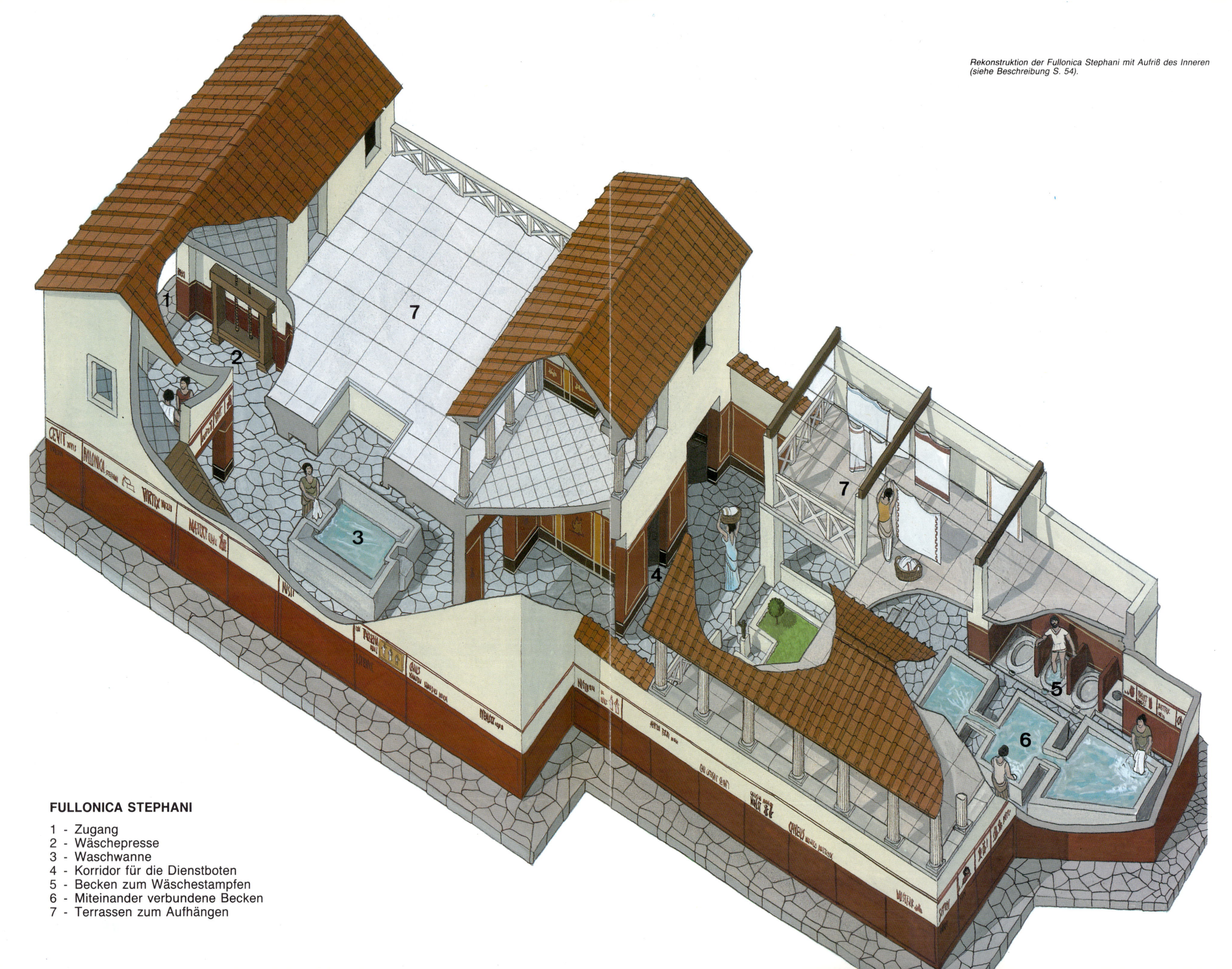

FULLONICA STEPHANI

1 - Zugang
2 - Wäschepresse
3 - Waschwanne
4 - Korridor für die Dienstboten
5 - Becken zum Wäschestampfen
6 - Miteinander verbundene Becken
7 - Terrassen zum Aufhängen

Rekonstruktion des Innern der Brotbäckerei des Vicolo Torto.

PISTRINUM DES VICOLO TORTO

In diesem Bäckerladen machte das Korn alle Verarbeitungsphasen bis zum Brotlaib durch. In Säcken wurde es in das Lager eingeliefert, in einer Wanne gewaschen und dann in die kegelförmige Öffnung der Mühlen, die noch erkennbar sind, geschüttet. Ein Esel oder ein Sklave drehten das schwere Steinrad, und ganz feines Mehl fiel in einen runden Behälter. War der Teig bereitet, kam das Brot in den Ofen mit seiner bogenförmigen Öffnung (jeder Einschub zählte ungefähr achtzig Brote). Die bessere Qualität wurde mit Wasser besprüht, was den Laiben ein glänzendes Aussehen gab. Es gab in der Tat auch Brot zweiter Wahl, das Ernährung der Sklaven diente.

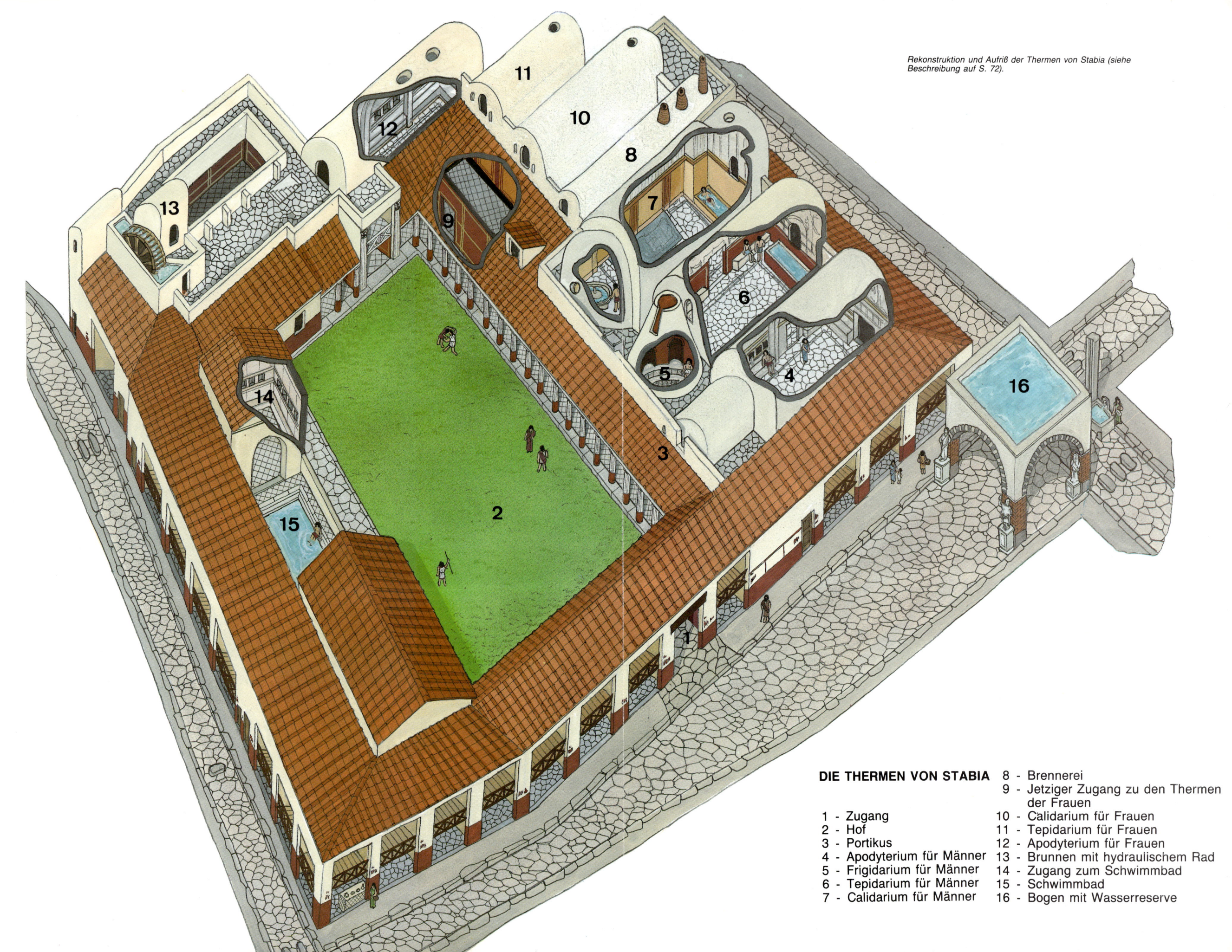

DIE THERMEN VON STABIA

1 - Zugang
2 - Hof
3 - Portikus
4 - Apodyterium für Männer
5 - Frigidarium für Männer
6 - Tepidarium für Männer
7 - Calidarium für Männer
8 - Brennerei
9 - Jetziger Zugang zu den Thermen der Frauen
10 - Calidarium für Frauen
11 - Tepidarium für Frauen
12 - Apodyterium für Frauen
13 - Brunnen mit hydraulischem Rad
14 - Zugang zum Schwimmbad
15 - Schwimmbad
16 - Bogen mit Wasserreserve

Auf der Nebenseite oben das Fridigarium der Thermen und unten das Calidarium. Auf dieser Seite zwei Ausschnitte des Apodyteriums.

ren nach dem Erdbeben 62 n.Chr. stammt. Die eigentlichen Thermen finden wir an der Ostseite; sie sind in eine Männer- und eine Frauenabteilung aufgeteilt, die einander gegenüber liegen und keinerlei Verbindung haben: zwischen den beiden Sektoren stand das *Praefurnium* für die Beheizung beider Teile. Der Eingang in die Männerabteilung liegt süd-östlich des Portikus; hier fand man eine Sonnenuhr mit Widmung in Oskisch. Ein Durchgangsraum mit Tonnengewölbe und mehrfarbigen Stuck-Medaillons, führt sowohl ins *Apodyterium* (Umkleideraum) mit Nischen wo die Kleider aufbewahrt wurden (auch hier sieht man Stuckverzierungen) als auch in das runde *Frigidarium*. Dieser Raum trägt eine Kuppel, die als Sternenhimmel ausgemalt ist; ursprünglich, in der Zeit Sillas befand sich hier das *Laconicum*, erst später wurde der Raum für kalte Bäder eingerichtet. Darauf gelangt man in das *Tepidarium* für lauwarme Bäder, mit einer

Oben ein kleinerer Eingang auf der Westseite der Thermen von Stabiae: links der Brunnen auf der Via Stabiana.

Wanne an der Kurzseite; der nächste Raum ist das *Calidarium*, das wie der vorige Raum einen auf *Suspensurae* erhöhten Fußboden und Wände mit Hohlräumen für die warme Luft hat. Eine Wanne für warme Bäder steht an der Kurzseite, gegenüber steht das *Labrum*, ein rundes Becken für kalte Bäder.

In der Fauenabteilung wiederholt sich die Anordnung der Räume, nur das *Frigidarium* fehlt. Ein Gang, der in die Umkleideräume führt, könnte auch ein Überrest des *Descrictariums* aus der Zeit Sillas sein.

37 - DIE VIA STABIANA

Sie ist die wichtigste der drei *Cardines* von Pompeji (die anderen sind die Via di Mercurio - Via del Foro und Via di Nocera), das heißt der Hauptsraßen, die die Stadt in nord-südlicher Richtung durchqueren. Der Abschnitt der Via Stabiana, der durch das Tal führt, das sich auf natürliche Weise zwischen den beiden Lava-Vorsprüngen bildete, auf denen Pompeji liegt, wurde schon in sehr früher Zeit benutzt, da er die Stadt mit Stabiae und Sorrent verband und sich mit der Küstenstraße zwischen Neapel und Stabiaë kreuzte. Diese Straße verband später Pompeji mit

Oben die Kreuzung zwischen Via Stabiana und Isistempel;
unten ein Teil der Via Stabiana.

dem Flußhafen des Sarno, der eine wichtige Handelsstra
ße war. In dieser Richtung, zirka einen Kilometer von
Pompeji entfernt, bei der Ortschaft Bottaro fand man
Reste eines Vorortes, mit Warenlagern und Einrichtungen für die Händler.

Die Via Stabiana wurde bei der Städteplanung Pompejis
als Hauptverkehrsachse in nord-südlicher Richtung angelegt und so verlängert, bis sie die Porta di Stabia mit der
Porta Vesuvio verband; mit ihr kreuzten sich die zwei östlichen *Decumani* in ostwestlicher Richtung, die aus der
Via Nolana und der Via dell'Abbondanza bestanden.
Dies geschah, um die Stadt gleichmäßig auszurichten,
was in der Folge den gesamten Bauplan Pompejis beeinflussen sollte. Die Via Stabiana verband Gebiete der
Stadt miteinander, die regen Zustrom hatten, wie die Anlagen der Thermen von Stabiä und der Zentralthermen,
das Gebiet, wo sich die Theater befinden und den Isistempel. Die Abnutzung des Straßenpflasters in der Nähe der
Stadttore läßt darauf schließen, daß die Via Stabiana
auch als Handelsstraße überaus bedeutend war. Nach 62
n. Chr. wurde die Kreuzung mit der Via dell'Abbondanza
und das umliegende Gebiet zum wirtschaftlichen Zentrum der Stadt.

38 - DAS LUPANARIUM

Das Freudenhaus befindet sich in der Insula VII und ist das einzige der 25 bekannten Etablissements von Pompeji, das als solches entstand. Andere Bordelle findet man im ersten Stock der Wirtshäuser, Gaststuben, oder auch Privathäuser; wiederum andere bestehen schlicht aus einem Schlafzimmer, das direkt von der Straße aus zugänglich ist. Gewöhnlich stand ein Bordell an einer Straßenkreuzung, von Nebenstraßen (Trivio); daher auch das Wort «trivial».

Dieses Freudenhaus hatte zehn Zimmer, fünf im unteren Geschoß und fünf größere darüber, mit einem Balkon, der über eine unabhängige Holztreppe zu erreichen war. Am Eingang im Erdgeschoß sehen wir das Gemälde eines Priaps mit zwei Phalli bei einem Feigenbaum; er hält sich seine Geschlechtsteile mit den Händen. Die Zimmer verfügen über gemauerte Betten, auf die Matratzen gelegt wurden; über den Türen sehen wir gemalte erotische Szenen, die wahrscheinlich die verschiedenen «Spezialitäten» darstellen sollen, die den Kunden angeboten werden. Das Innere des Bordells wurde vermutlich kurz vor dem Vulkanausbruch renoviert, da man in einem Zimmer den Abdruck einer Münze aus der Zeit nach 72 n.Chr. fand, sie war in den noch frischen Kalk gefallen. Im Erdgeschoß, jenseits des Mäuerchens befindet sich eine Toilette.

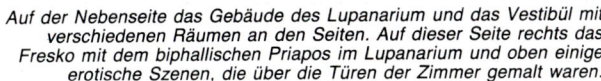

Auf der Nebenseite das Gebäude des Lupanarium und das Vestibül mit verschiedenen Räumen an den Seiten. Auf dieser Seite rechts das Fresko mit dem biphallischen Priapos im Lupanarium und oben einige erotische Szenen, die über die Türen der Zimmer gemalt waren.

Man sieht eine Unzahl von Wandbeschriftungen, von denen mehr als 120 noch lesbar sind; sie wurden sowohl von den Kunden, als auch von den Mädchen, die hier als Dirnen arbeiteten in die Mauern eingeritzt. Man liest die Prahlereien von Stammkunden, Bemerkungen der Zufriedenheit, Beschwerden darüber, sich Geschlechtskrankheiten zugezogen zu haben, Ankündigungen besonderer Wünsche, eigenartige Wortspiele und so fort. Viele der Mädchen hatten griechische oder orientalische Namen, denn «exotische» Dirnen waren besonders gefragt. Der Kunde hatte auch die Möglichkeit, einen Jungen zu verlangen. Die Preise waren ausgesprochen niedrig, da diese Bordelle von der untersten Gesellschaftsschicht und von Sklaven besucht wurden. Der Durchschnittspreis betrug zwei Asse, was dem Preis für zwei Becher Wein entspricht.

Caligula hatte die Prtostitution mit einer Steuer belegt, die dem Tarif von einem Kunden am Tag entsprach. Die Prostituierten konnten nicht als Zeugen bei Gerichtsverhandlungen aussagen und auch nicht, nach einer Vorschrift Domitians, ein Erbe antreten, auch wenn sie nicht mehr im «Gewerbe» tätig waren. Erst mit einer Heirat hatten sie die Möglichkeit zum Rang der *Matrona* aufzusteigen.

Oben die Taberna des Nonio Campanio auf der Via degli Augustali; rechts ein Teil der Via degli Augustali in der Nähe der forensischen Gebiete.

39 - VIA DEGLI AUGUSTALI

Diese Straße verbindet die Via Stabiana mit der Via del Foro; sie verläuft nicht rechtwinkelig zu ihnen. Bis auf den Abschnitt beim Forum, wo sie von einer Reihe von Geschäften an der Nordseite des Macellums gesäumt wird, verläuft sie nicht geradlinig. Diese Straße war zusammen mit dem Vicolo dei Soprastanti, ihrer Verlängerung jenseits der Via del Foro, die allgemein anerkannte östliche Grenze des ersten städtischen Zentrums von Pompeji. Dieses Gebiet entwickelte sich auf der Fläche des heutigen Bürgerforums und hatte als östliche Begrenzung den Vicolo del Lupanare und die Via dei Teatri; diese Anlage dürfte auf das späte 6.Jh.v.Chr. zurückgehen. Diese Straße führt zu dem belebtesten Stadtvierteln von Pompeji mit zahlreichen Wirtshäusern und Tavernen.

Oben der aktuelle Stand der Brotbäckerei des Vicolo Torto.

40 - DIE BROTBÄCKEREI DES VICOLO TORTO

Diese Bäckerei gehörte N. Popidius Priscus, denn sie ist durch eine Tür im hinteren Teil des Komplexes mit der Wohnung des Priscus verbunden. Die Einrichtung der Brotherstellung bestand aus vier Mühlen aus porösem Lavagestein, das heißt aus einem sehr robusten und kompakten Stein, der bei der Reibung keine Getreidepartikel verlor, die sonst in den gemahlenen Weizen gefallen wären. Die Mühlen sind kegelförmig und bestehen aus einem zweikonischen, hohlen *Catillus*, der sich über einem konischen Bolzen (*Meta*) dreht, der wiederum auf einem gemauerten Sockel befestigt ist. der Boden ringsum war gepflastert für die Tiere, die an die Balken, die mit dem *Catillus* verbunden waren angespannt wurden.

Neben den Mühlen steht ein Holzofen aus Zement, in einem kleinen viereckigen Raum mit obere Entlüftung, die für eine bessere Verbrennung sorgte, außerdem hatte der Raum einen Kamin für den Rauchabzug. Eine bogenförmige Backsteinöffnung an der Fassade war das Feuerloch. Eine, gemauerte Wanne diente wahrscheinlich zur Reinigung des Weizen. In den beiden Räumen neben dem Ofen wurde das bereits gebackene Brot aufbewahrt, oder der Weizen gelagert.

In dieser Bäckrei wurde nur en gros produziert und verkauft; vielleicht wurden hier auch fliegende Händler beliefert, da ein öffentliches Geschäft gänzlich fehlt.

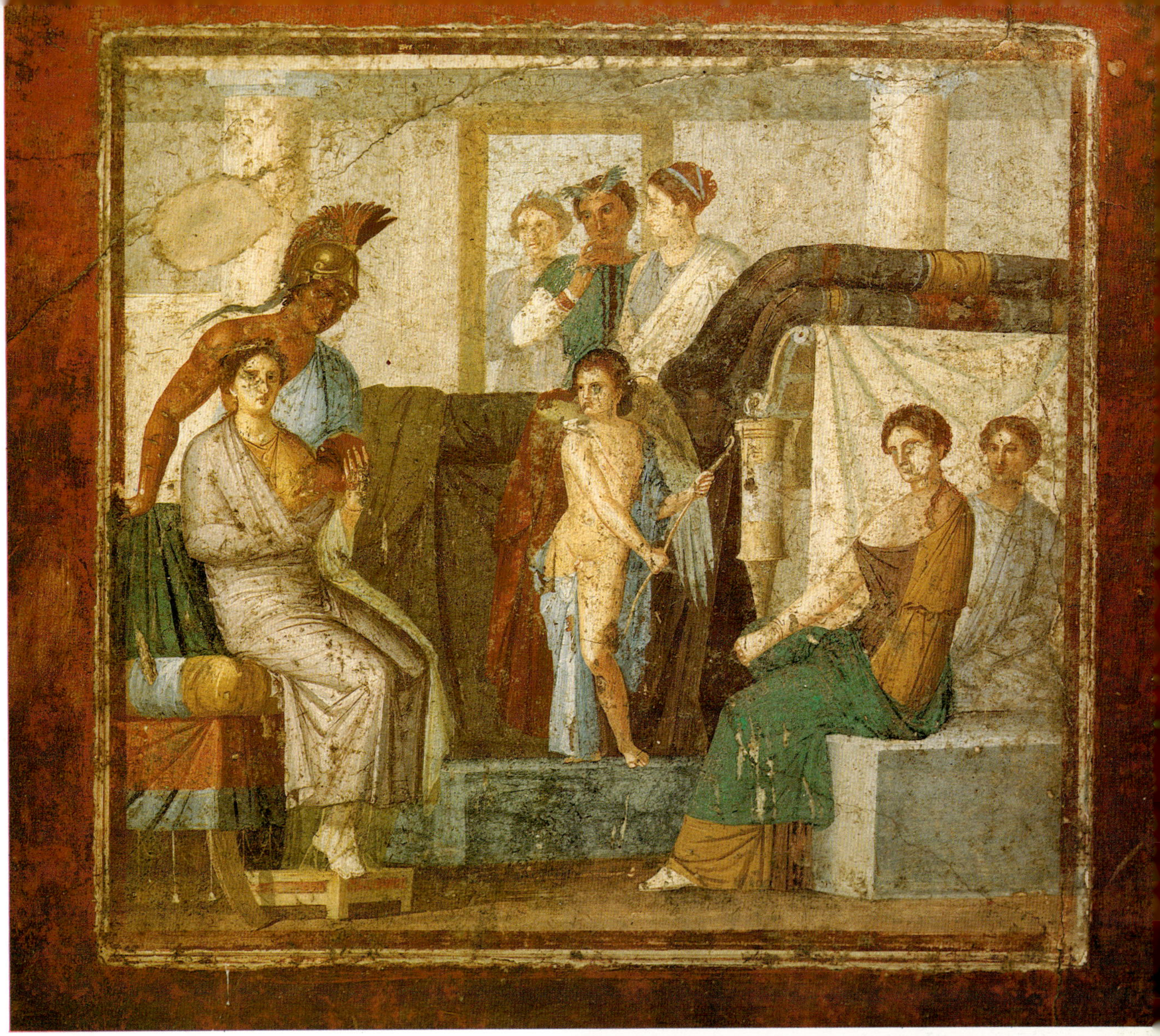

Auf der Nebenseite ein Teil der Via degli Augustali; darüber das Fresko der Hochzeit des Mars mit Venus im Haus des M. Lucretius und daneben ein Medaillon mit Merkur im gleichen Haus.

41 - DAS HAUS DES M. LUCRETIUS

Dieses Haus wird M. Lucretius zugeschrieben, da sein Name als Adressat auf einem Brief steht, der zusammen mit Schreibutensilien in einem Gemälde an der Wand eines Zimmers in der Nähe des Gartens abgebildet ist. Der Besitzer war eine bedeutende Persönlichkeit, er war Decurio der Stadt und Marspriester.

Es handelt sich um ein herrschaftliches Haus mit äußerst kunstvoller Wandbemalung, die sich heute größtenteils im Nationalmuseum von Neapel befindet. Im Atrium sehen wir Fresken des vierten Stils mit phantastischen Architekturelementen und im Tablinum die Darstellung des Triumphs des Bacchus mit einem Satyr und einer Victoria. Hier hingen wahrscheinlich auch Gemälde aus Holz, die leider verlorengingen.

Das Atrium verfügt nicht über ein zentrales Impluvium, was darauf schließen läßt, daß der Raum nicht mit einer nach innen gebogenen Dachfläche versehen war, wie es

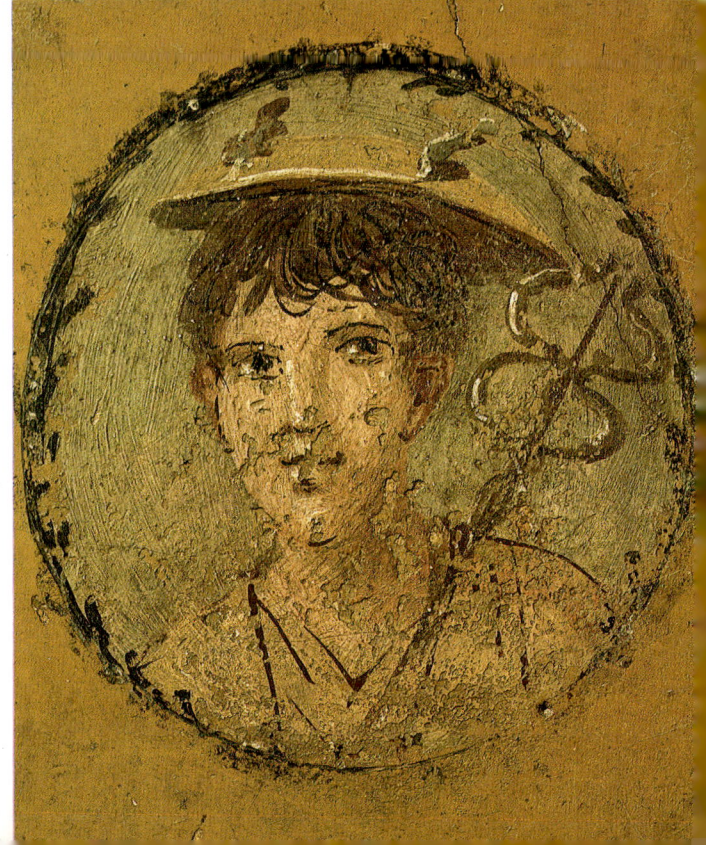

Oben ein Fresko mit landschaftlichem Charakter im Innern des Hauses des M. Lucretius und links das Fresko mit Narziß an der Quelle.

üblich war, sondern ein Dach hatte, das den Raum vollständig deckte und das Wasser nach außen leitete (Atrio testudinato). Im Atrium befindet sich auch das Lararium und im hinteren Teil öffnet sich ein großes Tablinum; jenseits davon hat man einen schönen Blick auf einen erhöhten Garten, der zwischen den Blumenbeeten mit Ermen, Satyr- und Amorettenfiguren und verschiedenen Tieren gestaltet ist; am Ende sehen wir einen Brunnen mit musivischer Verzierung, das Wasser kommt aus der Marmorfigur eines Silen mit Schlauch.

42 - DAS HAUS DER SILBERNEN HOCHZEIT

Das Haus wurde so benannt, da es 1893 im Jahr der silbernen Hochzeit des italienischen Königspaares ausgegraben wurde. Es entstand in samnitischer Zeit im 2. Jh.v.Chr.; sein Besitzer war L. Albucius Celsus.
Unmittelbar nach dem Vestibül betritt man ein wunderschönes, viersäuliges Atrium mit zentralem Impluvium und brunnenförmiger Marmorgrundfläche. Das ausge-

Oben und rechts zwei Säle mit Fresken im Haus der silbernen Hochzeit.

kehlte Dach hat Stirnziegel mit kleinen Palmen und Regenrinnen mit Löwenköpfen. Im hinteren Teil sehen wir ein Tablinum und zwei weitere Räume, hinter denen sich ein Peristyl in rhodischem Stil öffnet, das heißt mit einer an der Seite etwas erhöhten Dachseite, die so stärker der Sonne ausgesetzt ist und von großen dorischen Säulen getragen wird, die sich von den anderen Säulen unterscheiden. In der Mitte befindet sich der Garten, in dem man glasierte altägyptische Tierfiguren fand.

Am Westflügel des Peristyls gelangt man in eine Küche und ein Bad, bestehend aus *Apodyterium*, *Tepidarium* und *Calidarium*, während ein Schwimmbecken in einem hinteren Garten als *Frigidarium* fungierte. Neben dem Bad finden wir ein Triclinium für den Sommer. An der hinteren Seite sieht man eine zentrale Exedra mit gemalten Girlanden und Festons auf gelbem Grund und zwei seitliche Schlafzimmer ebenfalls mit Bemalung im dritten Stil. An der Ostseite befindet sich ein *Oecus*, dessen Gewölbe von vier Säulen getragen wird. Die Dekoration besteht aus Wandmalereien im zweiten Stil und Fußbodenmosaiken. Von hier aus gelangt man in einen größeren Garten, in dessen Mitte man ein Becken und Reste eines offenen Tricliniums sieht.

Oben der Nymphentempel in Muschelform mit kleinem Wasserfall im Haus des Zentenariums und links ein Medaillon im gleichen Haus mit einem Landschaftsfresko.

43 - DAS HAUS DES ZENTENARIUMS

Dieses geräumige Haus verdankt seinen Namen dem Jahr, während dessen es ausgegraben wurde - 1897, dem achtzehnhundertsten Jahr nach dem Vulkanausbruch, der Pompeji unter der Lava begrub. Das Haus entstand im 2.Jh. v.Chr. und wurde in der Kaiserzeit mehrfach verändert und mit neuen Dekorationen versehen; es besteht aus zwei Wohnbereichen, die an zwei etruskischen Atrien mit zentralem Impluvium angelegt sind.

Das große Atrium mit Mosaikfußboden verfügt über Wandmalereien im vierten Stil mit Theaterthematik. Im hinteren Teil befindet sich ein Tablinum zwischen zwei Räumen, das eine mit weißgründiger Wand und das andere mit schwarzgründiger. Hinter dem Tablinum öffnet sich ein Garten, der von dem Peristyl umgeben ist; hier fand man die berühmte Bronzefigur des Satyrs mit Schlauch, der am Rand des Schwimmbeckens stand. Am Ende des Peristyls finden wir ein Nymphäum, mit einer Nische mit Mosaiken, aus der das Wasser in kleinen Wasserfällen in ein unteres Auffangbecken floß. In dem kleinen gedeckten Wandelgang, der die Nische stützt, findet man naturalistische Gemälde, während an den Wänden

Rechts oben ein kleines Bild erotischen Inhalts in einem kleinen Schlafzimmer des Hauses des Zentenariums; unten das viersäulige Atrium des Hauses des M. Obellius Firmus.

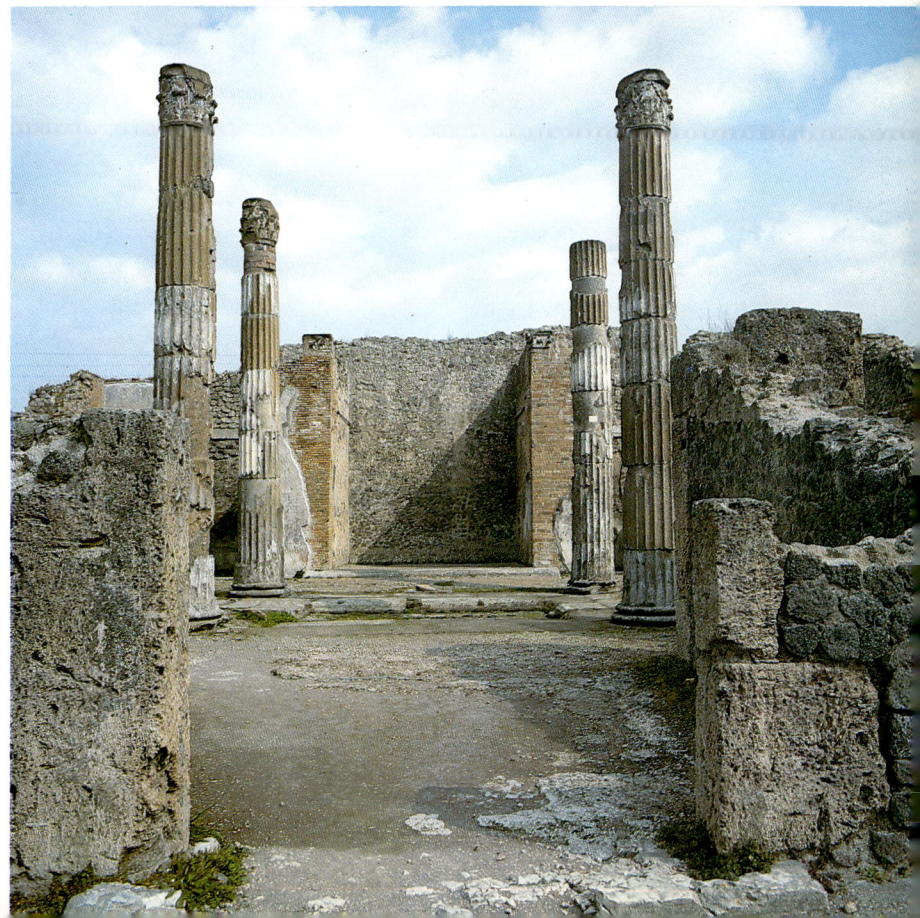

des Hofs hauptsächlich Raubtierjagden zu sehen sind.
Der süd-westliche Wohnbereich, in den man durch einen Nebeneingang gelangt, besteht aus Räumen, die mit Malerei der mythologischen Thematik verziert sind, einem abgelegenen Schlafzimmer mit erotischen Darstellungen und aus einem Bad.

44 - DAS HAUS DES M. OBELLIUS FIRMUS

Dieses Haus gehörte M. Obellius Firmus, dessen Name häufig in den Wahlbeschriftungen der Mauern der Nachbarschaft und sogar im Haus selbst erwähnt wird. Angesichts seiner Bauweise und seines Grundrisses, geht das Haus auf die samnitische Zeit zurück.
Der vordere Teil besteht aus zwei Eingängen und zwei Atrien. Das größere ist viersäulig mit Tuffsteinsäulen mit zentralem Bauplan. Es entspricht voll und ganz der herkömmlichen Weise der Aufteilung der Wohnbereiche: einige Schlafzimmer an den Seiten, die *Alae* und das Tablinium am hinteren Teil. An der süd-westlichen Ecke findet man ein Lararium in Form eines kleinen Tempels; im südlichen Teil fand man einen Tresor oder Geldschrank. Das kleinere Atrium ist etruskisch und auch auf herkömmliche Weise angelegt, wie es auf dem beschränkten Raum möglich war. Die hintere Hälfte des Hauses besteht aus einem Peristyl mit Säulen an drei Seiten und einem großen Garten. Mehrere Räume befinden sich an der Süd-Westseite. Darunter auch eine Küche, ein kleines Bad, ein Schlafzimmer mit Alkoven, der mit Hirtenbildern geschmückt ist und ein *Oecus*. In einem Cubiculum und einem *Oecus*, die miteinander verbunden sind und neben dem Garten liegen, fand man Wandmalereien von ganz besonderem Wert: im Cubiculum eine Sumpflandschaft und zwei *Pinakes* (Bilder) mit einer Spenderin und Kybele; im *Oecus* sehen wir phantastische Architekturelemente, die im zweiten Stil dargestellt sind.

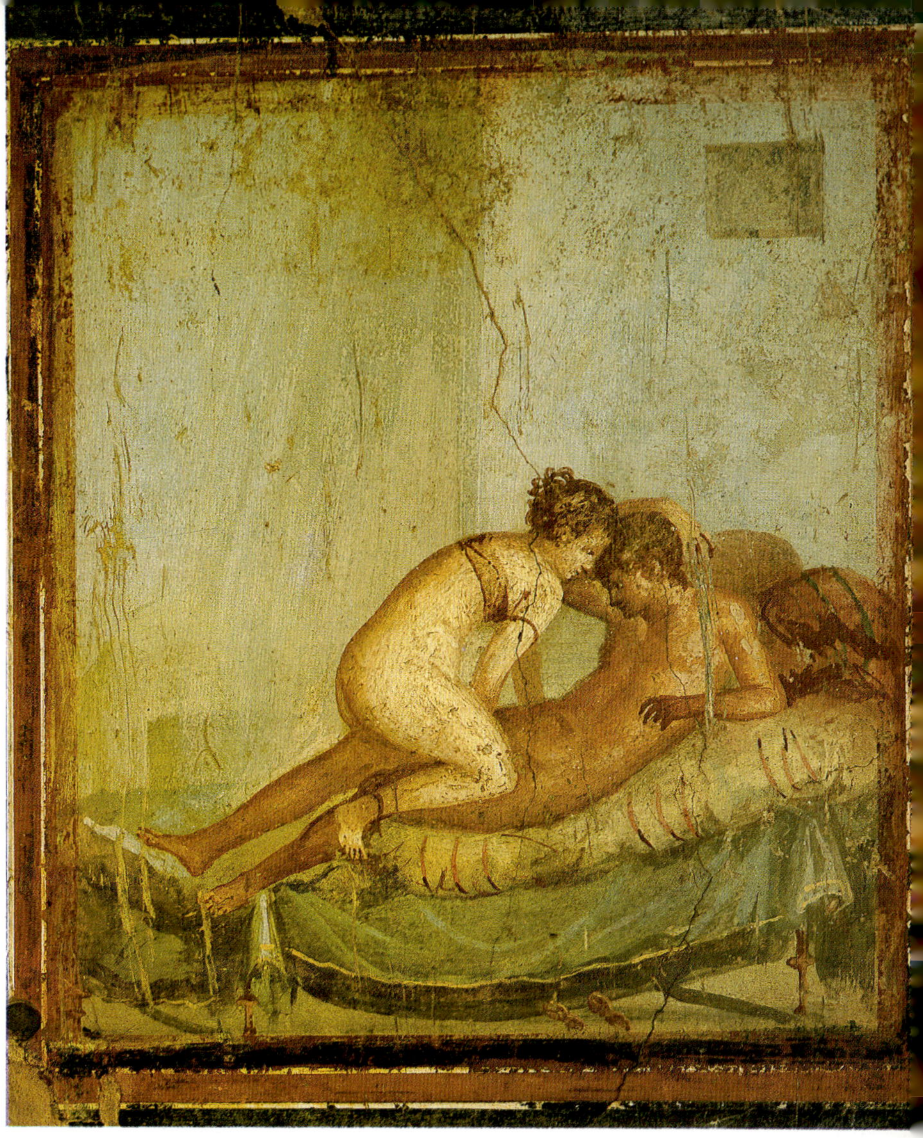

IV. TEIL

Das Haus der vergoldeten Amoretten - Das Haus des großen Brunnen - Das Haus der Dioskuren - Das Haus der Vettier - Das Haus des Fauns - Der Tempel der Fortuna Augusta - Der Bogen des Caligula - Die Thermen des Forums - Das Haus des tragischen Poeten - Die Backstube des Modestus - Via Consolare - Das Haus des Sallust - Porta di Ercolano - Via dei Sepolcri - Die Villa des Diomedes - Die Mysterienvilla

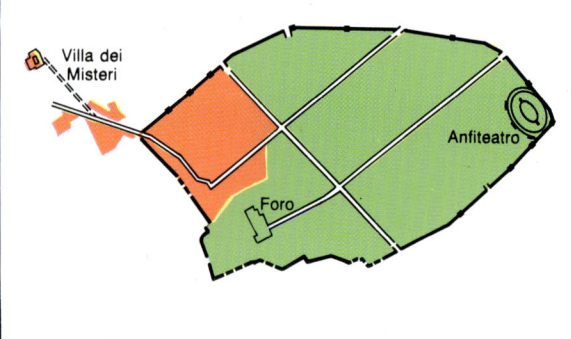

Unten das Peristyl des Hauses der vergoldeten Amoretten; auf der Nebenseite oben das eheliche Schlafzimmer und unten das Fresko mit Pelias und Janus.

45 - DAS HAUS DER VERGOLDETEN AMORETTEN

Das Haus gehörte Gneo Poppeo Abito, der vielleicht mit Poppea, der Frau des Kaisers Nero verwandt war. Es ist sicherlich eins der interessantesten Häuser Pompejis; seine Eleganz, die raffinierten dekorativen und architektonischen Lösungen entsprechen dem Zeitgeist und künstlerischen Geschmack der Zeit Neros. Das Haus ist nicht sehr groß und sein Grundriß relativ unregelmäßig, bedingt durch den zu Verfügung stehenden Platz und die Beschaffenheit des Bodens.

Im vorderen Teil befindet sich ein Vestibül und ein Atrium mit zentralem Impluvium, beide sind nicht sehr groß. Vom Atrium aus gelangt man nur in drei Räume, zwei Schlafzimmer an der Seite des Vestibüls und ein Tablinum an der hinteren Seite mit Gemälden, die das Treffen zwischen Paris und Helena in Anwesenheit des Eros darstellen.

Der eigentliche Kern des Wohnbereiches ist das Peristyl: der Garten hat in der Mitte ein Becken, das von Blumenbeeten umgeben ist, die ursprünglich mit Tierfiguren, Ermen und Reliefs versehen waren. Der hintere Teil ist erhöht, um einen eindrucksvollen Effekt zu erzielen; in der Mitte sieht man einen Giebel, der von ausgekehlten Pfeilern getragen wird und ein *Oscillum* (Marmorscheibe gegen den Bösen Blick), das vom Architrav herunterhängt.

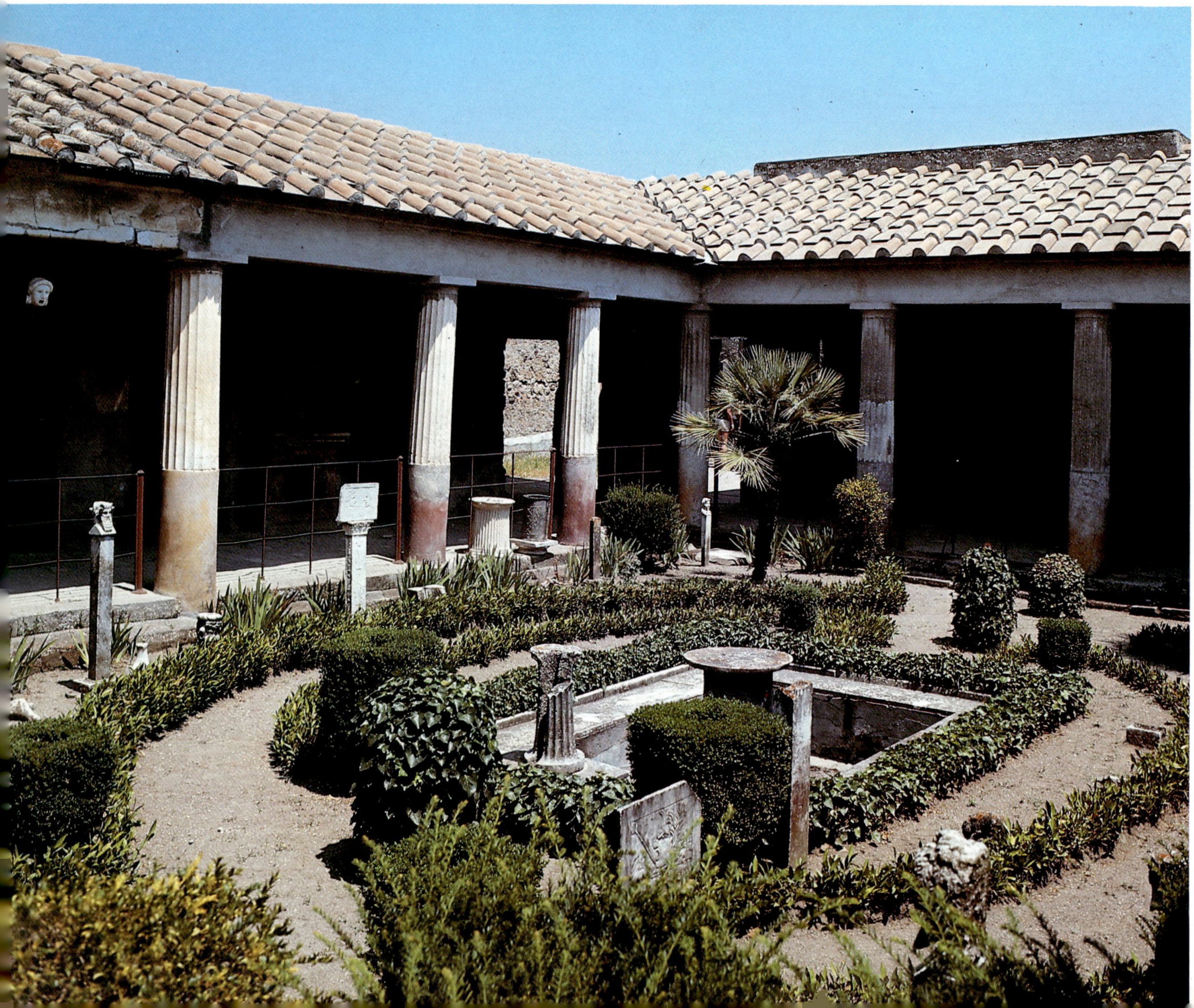

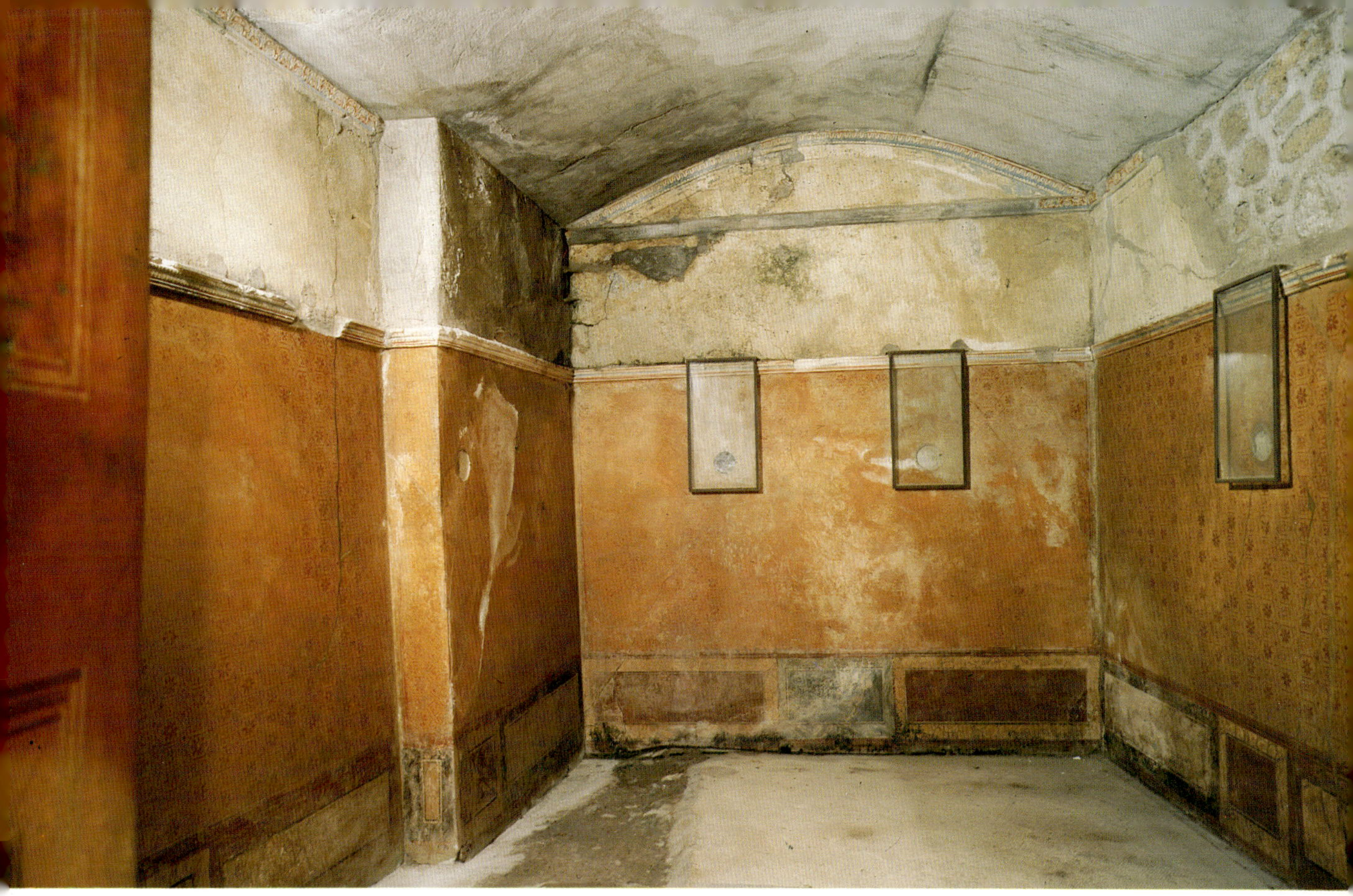

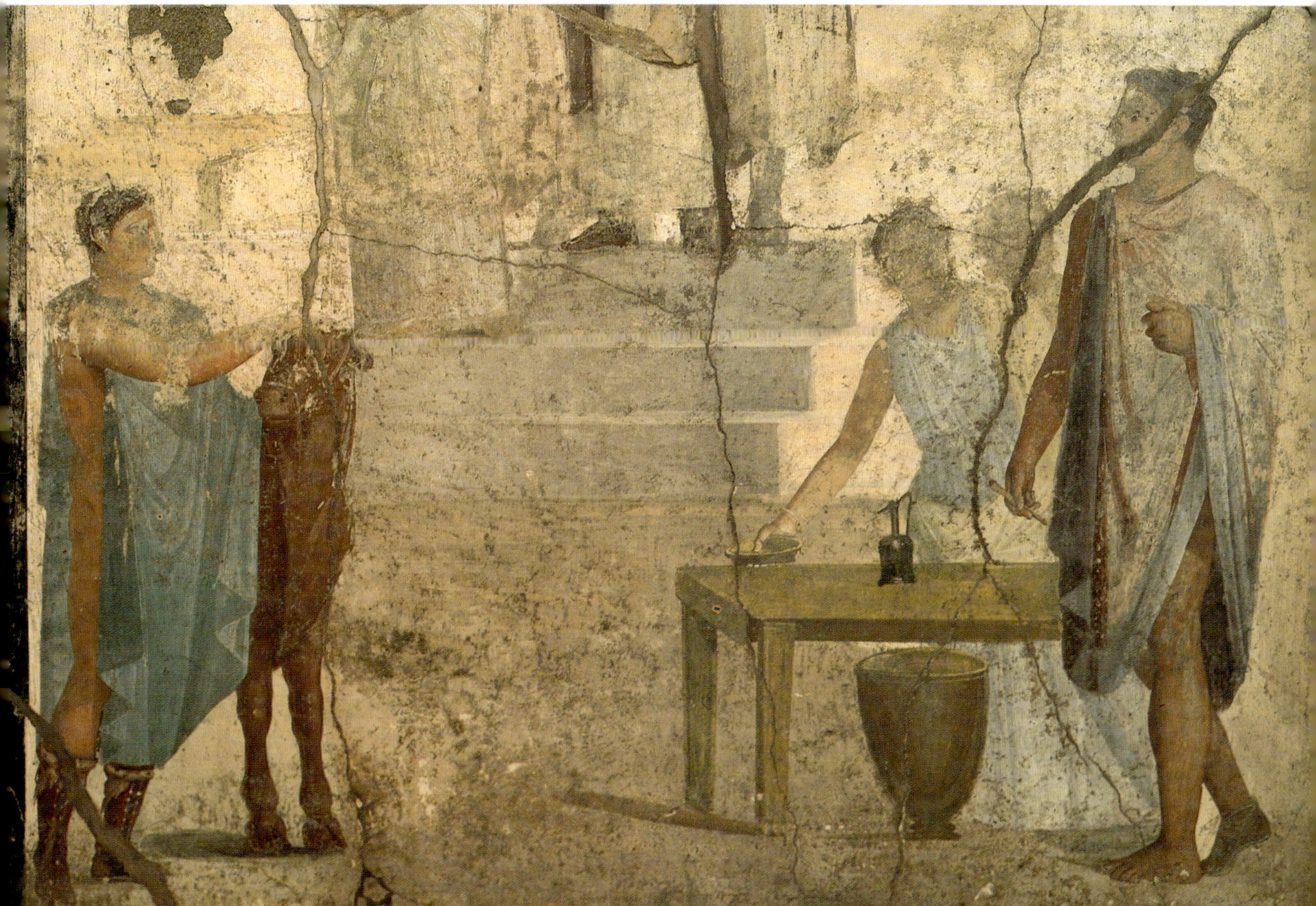

In den Interkolumnien des Portikus, wurden Theatermasken angebracht, die die raffinierte Dekoration geschmackvoll abschließen. An der Ostseite des Peristyls befindet sich ein Triclinium, von dem man einen schönen Blick auf den Garten hat; die Dekorationen sind im dritten Stil und stellen mythologische Szenen dar: Tethys in der Werkstatt des Vulcanus, wo er sich die Waffen für seinen Sohn Achilles beschafft; Achilles in seinem Zelt mit Briseis und Patroklos; Jason vor Pelias. Eine Reihe von Marmorreliefs ist in die südliche Wand des Peristyls eingelassen; darauf sieht man unter anderem Theatermasken und einen tanzenden Satyr neoattischen Stils. Auf derselben Seite finden wir einen Raum mit Wandmalereien unterschiedlichster Thematik.

Im hinteren Teil des Peristyls steht im Zentrum ein Triclinium, das noch die Beschädigungen durch das Erdbeben 62 n.Chr. zeigt. An den Seiten finden wir zwei Schlafzimmer; das linke war vielleicht das Frauengemach, es führt in einen kleinen Garten und ist mit Darstellungen der Jahreszeiten ausgemalt; das rechte Zimmer hat Verzierungen mit amouröser Thematik (Diana und Actaeon, Venus als Fischerin und Leda mit dem Schwan) und Frauenbilder.

Räume für die Dienerschaft befinden sich an der gegenüberliegenden Seite. Im Nordteil schließlich sehen wir das eheliche Schlafzimmer, in ihm findet man die Amoretten aus Blattgold, nach denen das Haus benannt ist.

Der religiöse Eklektizismus des Hausherren wird durch die Existenz eines Isistempels im östlichen Teil des Peristyls zusammen mit einem traditionellen Lararium mit Figuren des kapitolinischen Dreigestirns, in der Nähe des Schlafzimmers mit den vergoldeten Amoretten deutlich.

46 - DAS HAUS DES GROSSEN BRUNNEN

Dieses Haus wurde nach einem monumentalen Brunnen in einem Nymphäum bei der hinteren Wand des kleinen Gartens, der sich jenseits des Atriums öffnet, benannt. Der Brunnen mit Nische wird von einem Giebelchen bekrönt. Die Nische ist gänzlich mit Mosaiken aus mehrfarbiger Glaspaste verziert; das Wasser floß aus einer Öffnung als Wasserfall über einige Stufen in ein tieferes Auffangbecken. Die Seitenverzierung besteht aus drei tragischen Masken, die aus den Pfeilern der Nische herausragen und einer Bronzefigur eines Amors mit Delphin auf dem runden Sockel in dem Becken; die Figur wurde durch eine Kopie ersetzt. Bemerkenswert ist auch die Fassade des Hauses in Bossenwerk aus Tuffsteinblöcken.

47 - DAS HAUS DER DIOSKUREN

Der Name des Hauses erklärt sich durch ein Gemälde am Eingang, das die Dioskuren, Kastor und Pollux, Söhne des Zeus und der Leda darstellt; es befindet sich im Nationalmuseum in Neapel. Hier finden wir eins der seltenen Beispiele eines korinthischen Atriums, das heißt ein Atrium mit zentralem Impluvium, das von Säulen umgeben wird, in diesem Fall zwölf Stück aus Tuffstein (die anderen beiden Möglichkeiten sind das etruskische Atrium ohne Säulen oder das viersäulige Atrium mit den vier Säulen an den Ecken des Impluviums). In den Räumen seitlich des Tabliniums fand man einige Wandmalereien

Auf der Nebenseite oben der Brunnen mit Mosaik des Hauses der großen Brunnen; unten das Fresko mit der Wiedererkennung des Achilles im Haus der Dioskuren, jetzt im Nationalmuseum in Neapel. Oben das Peristyl des Hauses der Vettier.

mit mythologischen Szenen; ein Großteil der Fresken dieses Hauses wurde abgelöst und wird heute im Nationalmuseum in Neapel und im British Museum in London aufbewahrt.

Ein erster Hof mit dorischen Säulen öffnet sich jenseits des Tabliniums; an seiner Rückseite befindet sich ein Lararium in Form eines kleinen Tempels. Das zweite Peristyl entstand erst später, als der Grundriß des Hauses schon entschieden war; der Eingang erfolgt von der rechten Seite des Atriums her; in der Mitte steht ein großes Becken. Der Großteil der Wanddekoration ist im vierten Stil, mit aufgehängten Teppichen, die von phantastischen Architekturelementen gesäumt werden; sie wechseln sich mit Stilleben ab.

48 - DAS HAUS DER VETTIER

Dieses sehr luxuriöse herrschaftliche Haus ist ein bedeutendes Bespiel für den architektonischen und dekorativen Geschmack der letzten Jahre von Pompeji. Darüber hinaus zeigt es uns auch den enormen Aufstieg der Schicht der Kaufleute und Händler, der *Homines novi*, die über große Vermögen verfügten. So waren auch die Besitzer des Hauses reiche Männer: Aulus Vettius Restitutus und Aulus Vettius Conviva, so erfahren wir aus den Bronzesiegeln, die im Atrium gefunden wurden und aus Wahlbeschriftungen an den Außenwänden. Der zweite Besitzer war augusteisch, das heißt, er gehörte einem vom Kaiser er-

1 Atrium
2 Alae
3 Oeci
4 Peristilium
5 Viridarium
6 Triclinium
7 Triclinium

nannten Rang an; um diesen zu erreichen, mußte man kostspielige öffentliche Einrichtungen stiften. Der heutige Grundriß ist das Ergebnis von Restaurierungs arbeiten Mitte des 1.Jhs.n.Chr. einer noch älteren Wohnung, mit Restaurierungen, die nach 62 n.Chr. ausgeführt wurden. Das Eingangsportal führt in ein Vestibül, dessen Wände mit Szenen eines eines Hahnenkampfes, einem Schaf mit dionysischen Attributen und einem Priap verziert sind, der seinen riesigen Phallus auf einer Waage mit einem Beutel voll Geld aufwiegt. Das etruskische Atrium mit zentralem Impluvium verfügt an den beiden Seiten über Tresore, die mit einer Eisenverkleidung und Bronzenägeln versehen sind und auf gemauerten Sockeln stehen. Die reizvolle Wandbemalung zeigt Kinder, die den Penaten Opfer bringen, Amoretten in unterschiedlichen Haltungen, Wagen mit den Symbolen des Bacchus und des Merkur und eine Opferszene mit der Göttin Fortuna. Die Wände des Schlafzimmers links vom Eingang sind mit einem Fischweiher verziert und mit zwei Bildern: Leander, der den Hellespont durchschwimmt, um zu der geliebten Hero zu gelangen und das Erwachen der Ariadne, nachdem sie von Theseus auf Naxos verlassen wurde. In dem danebenliegenden *Oecus* sehen wir ein Bild mit dem Mythos des Ciparissus, der junge Jäger, der in eine Zypresse verwandelt wurde, da er den Lieblingshirsch des Apoll erlegt hatte; dann sehen wir Dionysos und Ariadne, die den Kampf zwischen Pan und Hero beobachten; Jupiter und Danae und Jupiter und Leda. Die *Alae* sind mit Wandmalereien und Medaillons mit den Köpfen des Satyr und der Meduse versehen. Die Nordseite führt zu den Hauswirtschaftsräumen, die um ein Atrium angelegt sind. Dieses Atrium mit zentralem Tuffstein-Impluvium hat ein schönes Lararium in Ädikula-Form mit korinthischen Halbsäulen, die ein dreieckiges Giebelfeld mit Kultobjekten aus Stuck tragen.

Auf der nebenseite Priapos, Während er dabei ist sich den Phallus zu wiegen, auf der Wand seitlich des Eingangs des Hauses der Vettier. Rechts oben das lararium desselben Hauses und unten das Schlafzimmer mit kleinen erotischen Bildern und eine Statue als Brunnen.

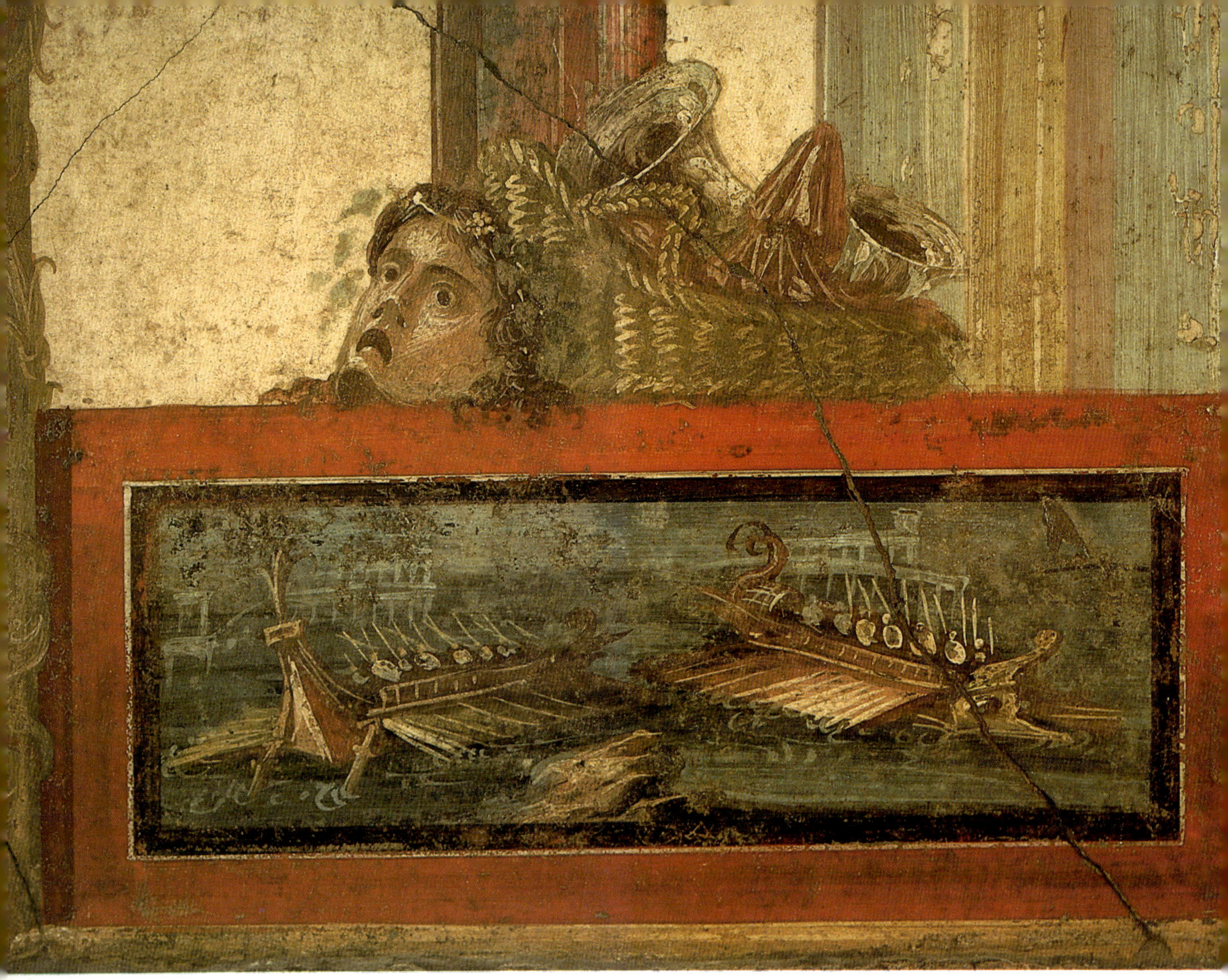

Oben eine Kampfszene auf einem Schiff unter einer Theatermaske und Gegenständen für den Kult des Dionysos im Triclinium des Hauses der Vettier. Links das kleine Bild mit Herkules, der die Schlangen erwürgt, in einem Oecus des Hauses.

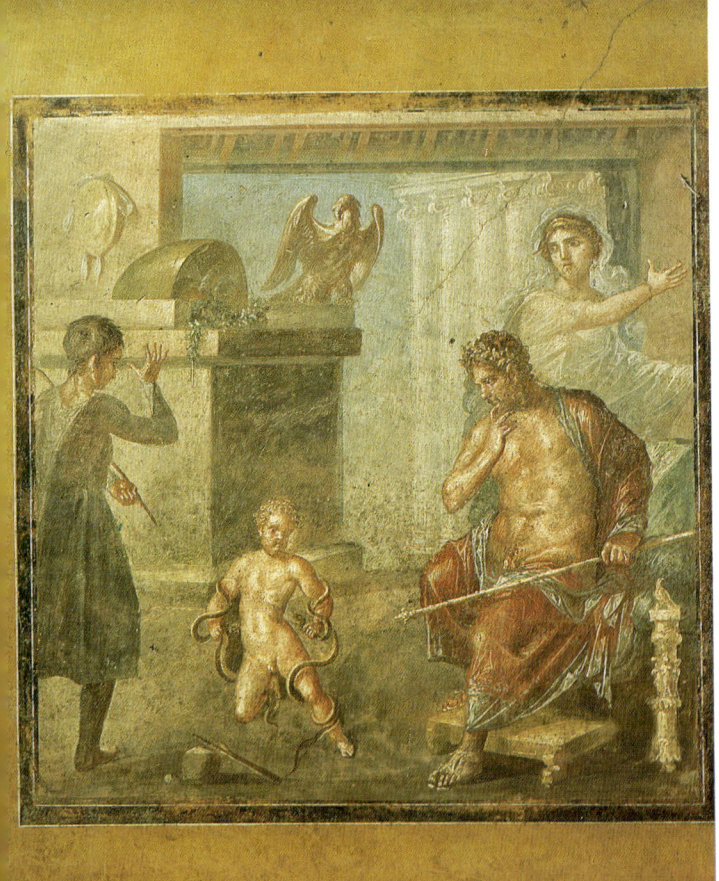

Im hinteren Teil des Atriums ohne Tablinium befindet sich ein großes Peristyl, wo man originalgetreu zahlreiche Marmor- und Bronzefiguren als Brunnen sieht, sowie runde und rechteckige Becken, Marmortische und zwei doppelseitige Ermen auf Säulchen; auch die Blumenbeete des Gartens wurden nach Originalplänen angelegt. Der *Oecus* links des Eingangs zum Peristyl zeigt in der Mitte der gelbgrundigen Wände Bilder mit Szenen aus der Mythologie Thebens: Amphion und Zethus binden Dirke an einen Stier, um ihre Mutter Antiope zu rächen, die die Sklavin Dirkes gewesen war; Pentheus, König von Theben wird von Bacchantinnen überfallen und getötet, da er verboten hatte, den Dionysuskult in der Stadt zu verehren; Herkules als Kind, der die von Hera geschickten Schlangen erwürgt. Die Paneele an den Seiten sind mit eleganten perspektivischen Architekturelementen verziert.

An der Nordecke des Peristyls öffnet sich ein Triclinium, dessen Wände mit Gemälden, umgeben von interessanten Dekorationen im vierten Stil versehen sind; innerhalb der Umrahmungen sieht man: die Jahreszeiten, perspektivische Architekturelemente, ornamentale Details, aus denen zarte Figuren werden, Bilder von Seeschlachten, darüber Theatermasken und Gegenstände des Dionysuskults. Darüber verläuft ein Fries mit phantastischen Ar-

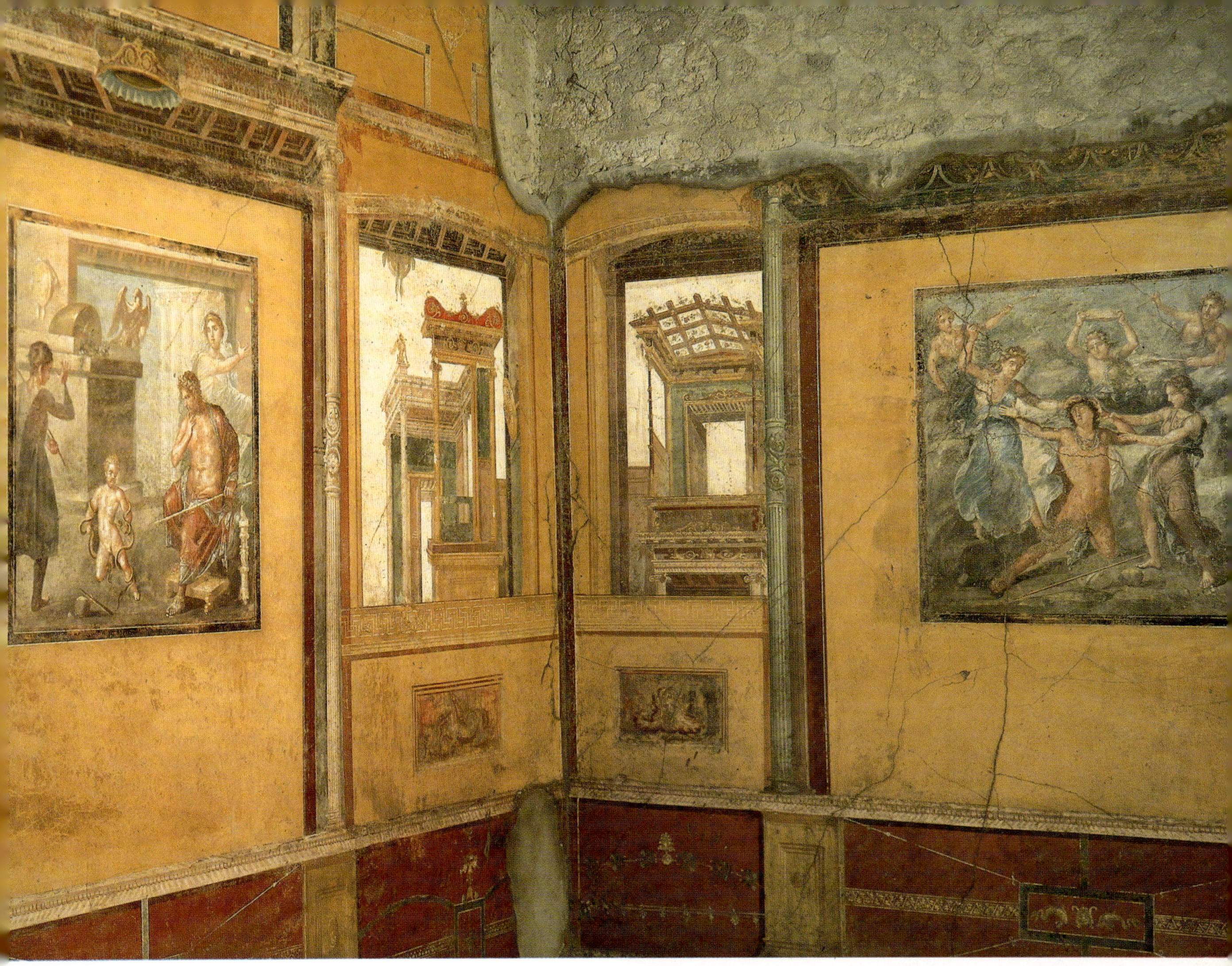

Oben ein Oecus des Hauses der Vettier mit dem Fresko des Pentheus, der von den Bakchantinnen getötet wurde im Hintergrund; rechts Daidalos und Pasiphae auf einem kleinen Bild des Tricliniums.

chitekturelementen und Figuren von Gottheiten; der Sockel am Boden ist aus vorgetäuschtem Marmor. In den Darstellungen sieht man Liebesszenen zwischen Göttern und Sterblichen: an der linken Wand, Daedalus, der Pasiphaë, der Frau des Minos, die sich aus Rache von Seiten des Zeus in einen Stier verliebte, ein Modell der Holzkuh zeigt, die er anfertigte; aus der Verbindung der Pasiphaë mit dem Stier entsteht der Minotaurus. An der hinteren Wand sehen wir die Darstellung des Mythos von Ixion, der auf Geheiß des Zeus mit Schlangen an ein Rad des Hephästus gebunden wird, da er versucht hatte, sich mit Hera zu verbünden, die im letzten Moment in eine Wolke verwandelt wird, die die Züge von Nephele trägt, die die Kentauren hervorbringt; bei dem Schauspiel sind auch Hermes, Hera auf dem Thron und Isis anwesend, sowie eine verhüllte Frau, in der man die flehende Nephele erkennt. An der rechten Wand sieht man Ariadne, die auf Naxos von Dionysos erweckt wird und Theseus, der mit seinem Boot flüchtet.

An der Nord-Westseite des Peristyls liegt ein Frauengemach, an einem großen Hof mit Säulen, ein Cubiculum und ein Triclinium; als Verzierung sieht man Achilles auf Syrus und den berauschten Herkules, der Augias bedrängt, die gerade den Peplon waschen will; aus ihrer Verbindung geht Telephus hervor. Neben dem Frauenge-

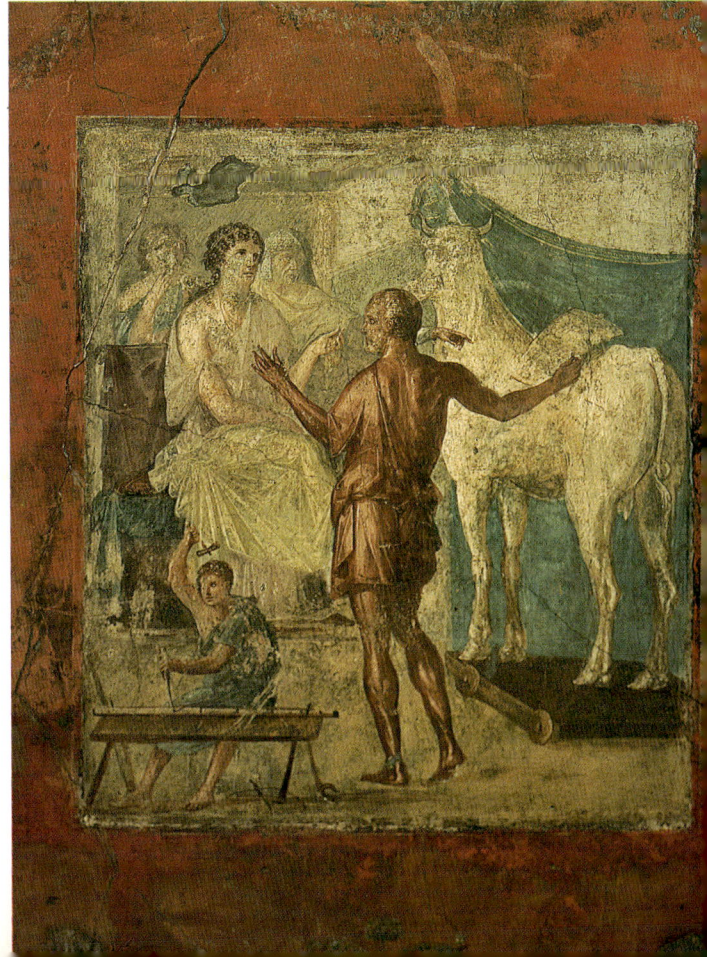

Auf beiden Seiten einige Abbildungen des Haupt — Tricliniums des Hauses der Vettier; oben Amoretten, die Parfüm bereiten; unten Apollo als Sieger über Python unter einem Kerzenleuchter; auf der Nebenseite oben Amoretten mit Weinamphoren und unten weitere Goldschmiede — Amoretten.

mach befindet sich am Peristyl ein großer *Oecus*, mit Wandmalereien, die zu den berühmtesten von Pompeji gehören. Die roten Wände werden durch schwarze Streifen gegliedert; es fehlen die Bilder der Paneele, die wahrscheinlich aus Holz waren und deshalb verlorengingen; in den Seitenpaneelen werden mythische Paare im Flug und der ityphallische Hermaphrodith mit Silen dargestellt. Auf einem Fries oberhalb des Sockels sind Amoretten und *Psychen* mit den unterschiedlichsten wettkämpferischen und kultischen Tätigkeiten beschäftigt: wir beginnen rechts vom Eingang mit einem Wettbewerb im Bogenschießen, danach werden Blumen von Amoretten-Floristen auf einem Ziegenbock transportiert und Kränze verkauft; duftende Öle werden hergestellt und verkauft; eine Wettfahrt auf Zweigespannen, die von Antilopen gezogen werden und Amoretten-Goldschmiede, die mit der Herstellung und dem Verkauf von Schmuckstücken beschäftigt sind; anschließend sieht man Amoretten, die als Tuchwalker, Bäcker und Winzer arbeiten. Der Fries findet seinen Abschluß in dem Triumphzug von Dionysos auf einem Wagen, der von Ziegenböcken gezogen wird, ihm folgt ein ityphallischer Pan, der auf einer doppelten Flöte spielt. Die Fresken der Pfeiler unterhalb der Kandelaber zeigen Agamemnon, der die heilige Hirschkuh für Artimedes tötet; Apoll, der die Pyton-Schlange besiegt; Orest und Pylades vor Iphigenie und Thoas.

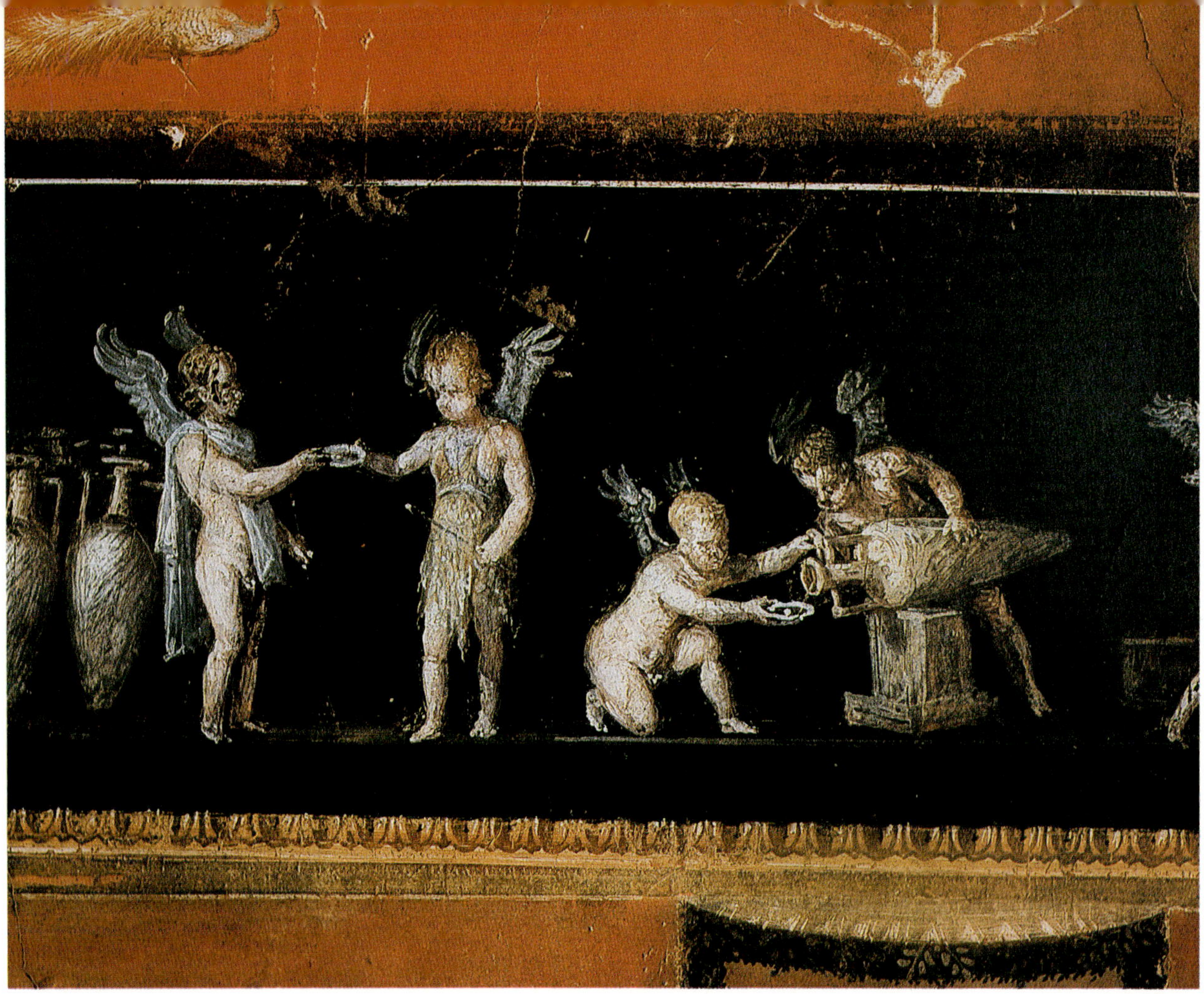

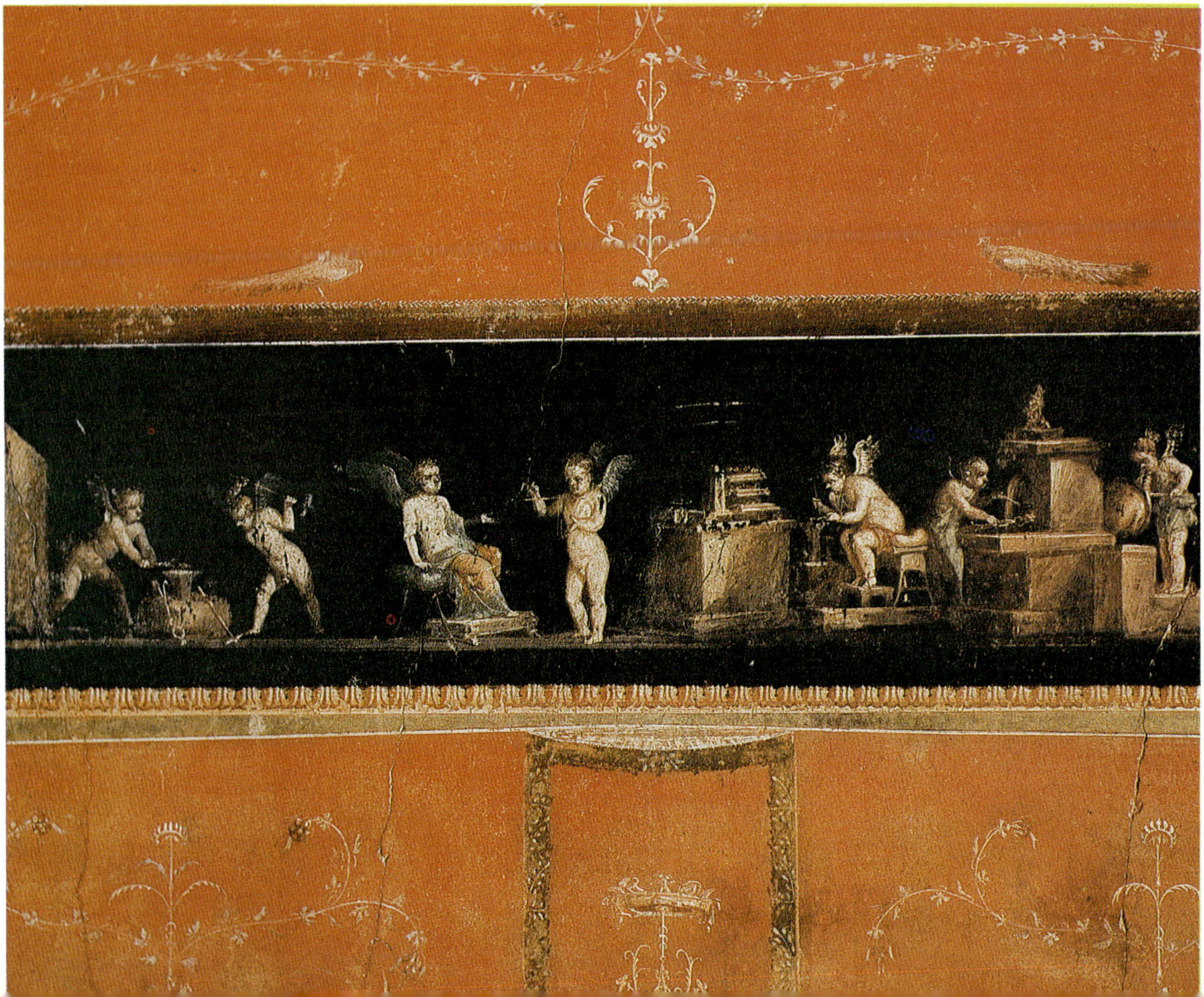

Oben der aktuelle Zustand des Hauptatriums des Hauses des Fauns
und unten die Kopie der kleinen Bronzestatue, die der Wohnung ihren
Namen gegeben hat. Auf der Nebenseite das Hauptatrium in seinem
ursprünglichen Glanz.

49 - DAS HAUS DES FAUN

Dieses großartige Wohnhaus, das einer unbekannten
Adelsfamilie Pompejis gehörte, ist ein typisches Beispiel
für die Auswirkungen der Verschmelzung der architektonischen Formgebung des italischen Hauses mit Atrium
mit der des hellenistischen Hauses mit Peristyl.

Die wahrhaft einzigartigen Ausmaße des Hauses sind ein
Hinweis auf den Reichtum, zu dem die oberen römisch-
italischen Schichten nach den Eroberungen im Osten ge-
kommen waren. Das Gebäude erstreckt sich über eine
ganze *Insula*, über einem Vorgängerbau aus dem
3.Jh.v.Chr., der einschließlich *Hortus* bis auf die Höhe
des jetzigen Perystils reichte.

Das Haus des Faun wurde 1830 entdeckt. Es war in zwei
Phasen gebaut worden. In der ersten Phase des frühen
2.Jhs.v.Chr. umfaßte das Gebäude nur das erste Perystil,
in der zweiten Phase, Ende des 2.Jhs.v.Chr. kam das
zweite Perystil hinzu und das Haus erhielt seine endgülti-
ge Form.

Das Haus besteht aus zwei miteinander verbundenen Be-
reichen, die jedoch über zwei unabhängige Eingänge verfügen, zwischen einer Reihe von Geschäften befindlich.
Der größere Teil des Hauses ist der im Westen; der Ein-

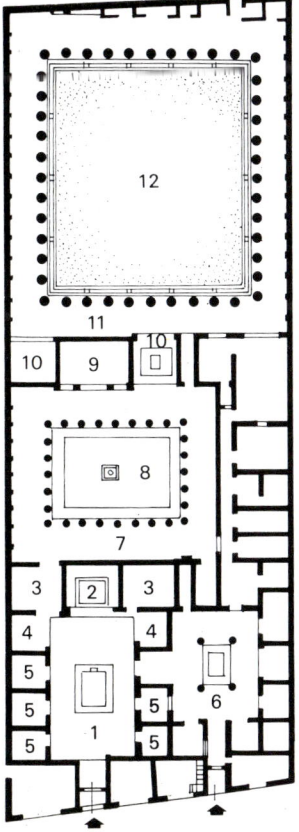

gang erfolgt durch ein Vestibül, mit einem Lararium mit Stirnseite in Tempelform und korinthischen Säulen. Von hier aus gelangt man in ein großes etruskisches Atrium mit Impluvium, dessen Fußboden mit mehrfarbigen Rhomben verziert ist; in der Mitte stand die Bronzefigur des tanzenden Faun (heute durch eine Kopie ersetzt), die dem Haus seinen Namen gab. Gemäß dem typisch etruskisch-italischen Muster war eine Reihe von Schlafräumen an beiden Seiten des Atriums angelegt, sowie zwei *Alae*; die rechte war mit einem *Emblema* versehen, auf dem eine Katze ein Rebhuhn angreift; auf dem *Emblema* der linken Ala sah man drei Tauben, die ein Schmuckstück aus einem Schrein entwenden. Der hintere Teil des Atriums besteht aus einem zentralen Tablinium, das von zwei Triclinia gesäumt ist. In dem Tablinium fand man das Skelett einer Frau, die überrascht wurde, als sie versuchte mit ihren Schmuckstücken und ihrer Habe zu flüchten; der Fußboden wurde in *Opus sectile* (figürlichen Mosaiken) gestaltet. Die Triclinia waren mit *Emblema* verziert, in denen man Fische und ein Ungeheuer auf einem Panther sah. Der östliche Wohnbereich ist um ein viersäuliges Atrium angelgt, von dem aus verschiedene hauswirtschaftliche Räume abgehen. Dann gelangt man über einen Gang an der Ostseite des ersten Pe-

1 Atrium Tuscanicum
2 Tablinum
3 Triclinia
4 Alae
5 Cubicula
6 Atrium Tetrastilum
7 Peristilium
8 Viridarium
9 Exedra
10 Triclinia
11 Peristilium
12 Viridarium

105

Oben ein Detail des großen Mosaiks, heute im Nationalmuseum in Neapel, mit dem Kampf zwischen Alexander und Darius, letzterer erkennbar in der Figur auf dem Karren.

Auf der Nebenseite oben das erste Peristyl des Hauses des Fauns mit dem Garten in der Mitte, von der nördlichen Exedra aus gesehen. Unten das zweite große Peristyl des Hauses an der Nordseite gelegen.

ristyls in einen Stall, eine Toilette, ein Bad mit *Tepidarium* und *Calidarium*, eine Küche und ein Triclinium.
Das erste Peristyl hatte ionische Säulen aus stuckiertem Tuffstein und war auch über eins der Triclinia des westlichen Wohnbereichs zugänglich. Auf der Nordseite sieht man eine Exedra mit zwei Säulen und zwei Pfeilern mit Anten, die vor der Exedra stehen und korinthische Stuck-Kapitelle tragen. An der Schwelle fand man ein nilotisches Mosaik, während der Fußboden des Inneren mit dem Mosaik der berühmten Schlacht zwischen Alexander dem Großen und Darius verziert war, das heute im Museum von Neapel zu sehen ist. Vom zweiten Peristyl gehen mehrere Räume ab, darunter ein *Oecus* mit Malereien im zweiten Stil. Dieses zweite Peristyl ist sehr viel gröber als das erste (zirka 45x40 m). Im hinteren Teil befinden sich noch einige kleinere hauswirtschaftliche Räume und der Nebeneingang des Hauses. Am nordwestlichen Ende sehen wir die Nischen eines Lirariums, bei dem man verschiedene Kultgegenstände und eine Bronzefigur des Genius (Schutzgeist) des Hauses fand.
Das große Mosaik der Alexanderschlacht verdient einige besondere Hinweise. Es besteht aus mehr als einer Million winzigkleiner Steinchen und wurde bereits in der Antike und besonders während des Erdbebens 62 n.Chr. be-

schädigt, dies beweisen Restaurierungsarbeiten mit größeren Steinchen und Ausbesserungen mit Stuck. Es handelt sich hierbei um ein besonders bedeutendes Werk, denn es ist die Kopie eines frühhellenistischen Bildes, das (nach Plinius) Philoxenos von Eritrea zugeschrieben wird. Dem Mosaikmaler gelang es, die neuen Erkenntnisse der Lichtverhältnisse, des Hell - Dunkels, bedeutende Errungenschaften der hellenistische Malerei, getreu wiederzugeben. Die Figuren verdecken und überschneiden sich in der Gewalt der Schlacht, sie kommen aus verschiedenen Richtungen; in der Mitte sieht man ein Pferd, das von oben dargestellt ist und sich scheinbar auf das Innere des Mosaiks zubewegt. Alexander, mit unverhülltem Haupt, stürmt von links an der Spitze der mazedonischen Kavallerie los und durchbohrt mit einer Lanze einen adligen Perser, während Darius, in der Mitte des Mosaiks versucht, auf seinem Wagen zu flüchten. Viele Details, die wir den realistischen Restaurierungen des Werks entnehmen können, lassen darauf schließen, daß es sich um die Schlacht von Gaugamela handele, die letzte und entscheidende Schlacht zwischen den beiden Kontinenten. Das Originalbild war wahrscheinlich im Zuge der Eroberungen und der Kunstdiebstähle im 2.JH.v.Chr. von Griechenland nach Rom gelangt.

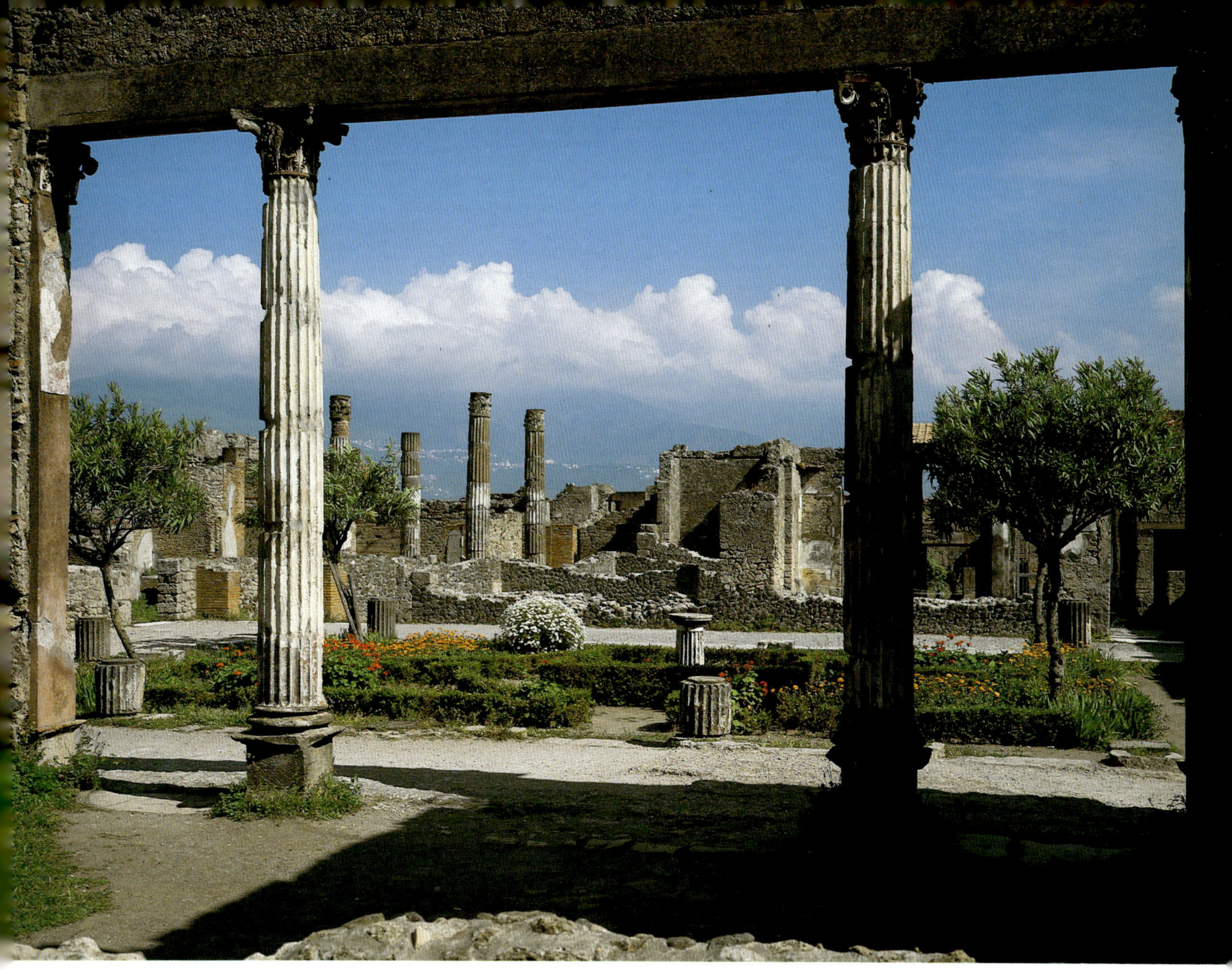
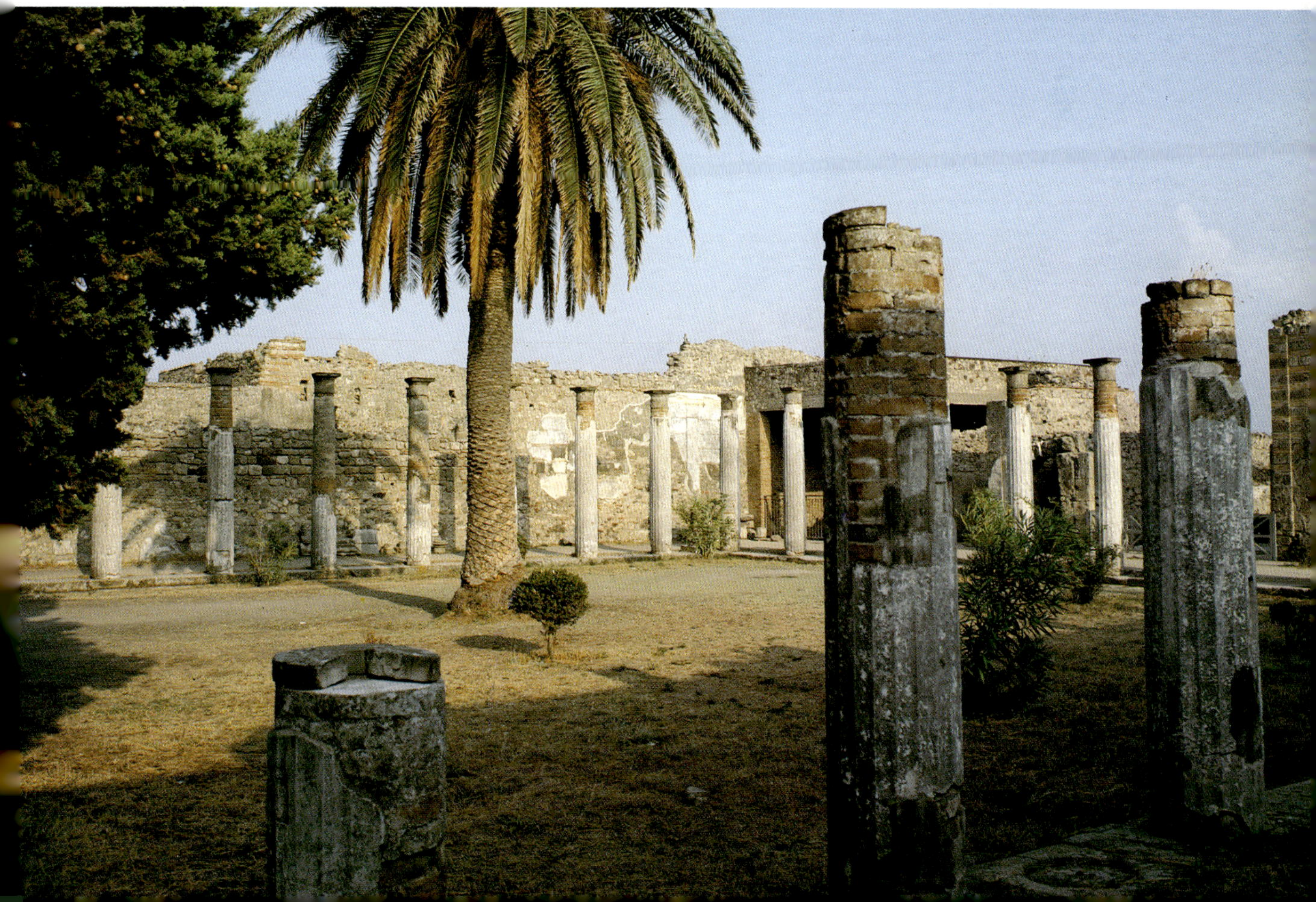

Oben die Stirnseite des Tempels der Fortuna Augusta; unten eine Seite des Gebäudes, die auf einen Teil der Via di Nola Aussicht hat, von dem sie auch den Namen der Via della Fortuna ableitet. Auf der Nebenseite die Rekonstruktion des Tempels.

50 - DER TEMPEL DER FORTUNA AUGUSTA

Er steht an der Kreuzung der Via di Nola und der Via del Foro. Eine Inschrift, die man im Inneren der Cella fand und die sich ursprünglich an der Frontseite des Gebäudes befand, teilt uns mit, daß der Tempel auf dem privaten Grundstück des Bürgers Marcus Tullius gebaut wurde, der auch die Kosten übernahm. Er hatte unter Augustus die wichtigsten öffentlichen Ämter inne (Duumvir, Augur, Militärtribun). Der Bau des Temples der Fortuna Augusta geschah sicherlich zum Zweck der politischen Propaganda und um die Position des Erbauers zu festigen.

Das sehr große Gebäude war bei dem Erdbeben 62 n.Chr. stark beschädigt worden; die Restaurierungen waren beim Vulkanausbruch 79 n.Chr. auf die Cella beschränkt.

Sie wurde aus unbestimmbarem Mauerwerk gebaut, das ursprünglich mit Marmor verkleidet war, die Restaurierungen sind aus Ziegelstein. Die Gesamtanlage erinnert an den Jupitertempel auf dem Forum: man gelangt über eine Treppe an der Fassade, in deren Mitte eine Plattform für den Altar ausgespart war, zu dem Podium, auf dem die Cella steht, vor der sich ein Pronaos mit vier Säulen an der Front und zwei an den Seiten befindet.

In einer Ädikula, die von zwei Säulen gesäumt ist, im hinteren Teil der Cella, befand sich die Kultfigur der Göttin Fortuna. An den Seitenwänden sehen wir vier Nischen für Statuen; zwei davon fand man bei den Ausgrabungen. Eine Inschrift in einem Gässchen an der Südseite des Gebäudes teilt uns mit, daß auch dieses Gelände noch in Besitz von Marcus Tullius war; darunter befindet sich die Wohnung des Tempelwächters. Marcus Tullius selbst gründete die Vereinigung der Priester. Vier Inschriften der Priester (und eine eines Privatmannes) erinnern daran, daß in dem Tempel Statuen der Fortuna oder der regierenden Kaiser geweiht wurden; dies in einer Zeitspanne von der Regierungszeit Augustus' bis zu der Neros.

*Oben der aktuelle Zustand des Caligula Bogens an der Einmündung
der Via di Mercurio; auf der Nebenseite die Rekonstruktion desselben*

51 - DER BOGEN DES CALIGULA

Er erhebt sich am Anfang der Via di Mercurio vor den
Thermen des Forums und dem Tempel der Fortuna Augusta, in der Nähe der Kreuzung der Via delle Terme, Via
della Fortuna, Via del Foro und der Via di Mercurio.
Es handelt sich dabei um einen Ehrenbogen aus Ziegelstein, mit einer einzigen Wölbung, der aufgrund eines
Reiterstandbilds aus Bronze Caligula zugeschrieben wird;
man fand Bruchstücke der Figur, die wahrscheinlich über
der Attika stand und in der man den Kaiser erkennen
wollte. Dieser Bogen steht auf derselben Achse wie der
Bogen des Tiberius oder des Germanicus, dem monumentalen Eingang zum Bürgerforum, auch jener war mit einem Reiterstandbild versehen.

Oben der Eingang zu den Thermen des Forums; auf der Nebenseite oben das Apodyterium der Thermen mit dem Abdruck zweiter Opfer der Eruption; unten das Tepidarium.

52 - DIE THERMEN DES FORUMS

Diese Thermalanlage befindet sich auf einem Grundstück an der Kreuzung der Via delle Terme mit der Via del Foro. Es handelt sich um die einzigen Thermen, die nach dem Erdbeben 62 n.Chr. noch in Betrieb waren, da sie nicht stark beschädigt worden waren. Die Räumlichkeiten waren nicht sehr groß, weshalb man annimmt, daß sie überfüllt waren, vor allem wenn man bedenkt, daß die Benutzung der Thermen bei sämtlichen sozialen Schichten des römischen Volks beliebt war und die Thermen ein rege besuchter Treffpunkt waren.

Die Thermen des Forums entstanden in den ersten Jahren nach der Kolonisation durch Silla (80 v.Chr.) auf Betreiben des Duumvirus Lucius Caesius und der Baumeister Caius Occius und Lucius Niraemius; dies teilt uns eine Inschrift in zwei Ausführungen mit. Scheinbar waren die älteren Thermen von Stabiaë das Vorbild für den Grundriß. Die Anlage ist in zwei verschiedene Bereiche unterteilt, die nicht miteinander verbunden sind: eine Frauen- und eine Männerabteilung, die durch ein *Praefurnium* getrennt waren, das beide Abteilungen mit heißem Wasser und Dampf versorgte. Drei Eingänge an der Via delle Terme, der Via del Foro und des Vicolo delle Terme führen in die Männerabteilung. Von den letzen beiden gelangt man in einen Portikus mit Säulen auf drei Seiten und Bögen auf Pfeilern an vier Seiten; am Eingang am

Vicolo delle Terme befindet sich eine Toilette, die nach dem Erdbeben entstand. Vom Hof gelangt man über einen Gang, in dem man 500 Lampen fand (die Thermen waren nachmittags und abends geöffnet), zu einem *Apodyterium* (Umkleideraum), der direkt vom dritten Eingang an der Via delle Terme aus zugänglich ist. Das *Apodyterium* ist mit einem weißen Mosaik, das von einem schwarzen Streifen umgeben ist verziert; es trägt ein Gewölbe mit Stuckarbeiten, von denen leider nur wenig erhalten ist; wir finden keine Nischen für die Kleider, das heißt, daß sie in Holzfächern aufbewahrt wurden, die an den Wäden hingen, man sieht noch die Löcher der Nägel. Das *Frigidarium* ist ein halbrunder Raum mit einer Kuppel, in der ein Oberlicht für Licht sorgte; ein Marmorbecken mit Stufen war für die kalten Bäder vorgesehen, nachdem der Raum seine ursprüngliche Funktion als *Laconicum* für Schwitzbäder verloren hatte. Die Wände sind mit Gemälden von Gärten und einem Stuckfries mit Liebesgöttern verziert. Das rechteckige *Tepidarium* trägt ein Tonnengewölbe mit Kassetten und Medallions, in denen göttliche und mythologische Figuren dargestellt sind. Eine Reihe von Nischen im mittleren Teil der Wände wird von Telamonen gesäumt, die aus Ton sind und mit Stuck verkleidet wurden; sie gehörten zu der ersten Dekoration der Thermen (kurz nach 80 v.Chr.) und erinnern aus der Nähe an die zeitgenössischen Telamone des Odeions. Ein Streifen mit Stuckgirlanden oberhalb der Nischen und die

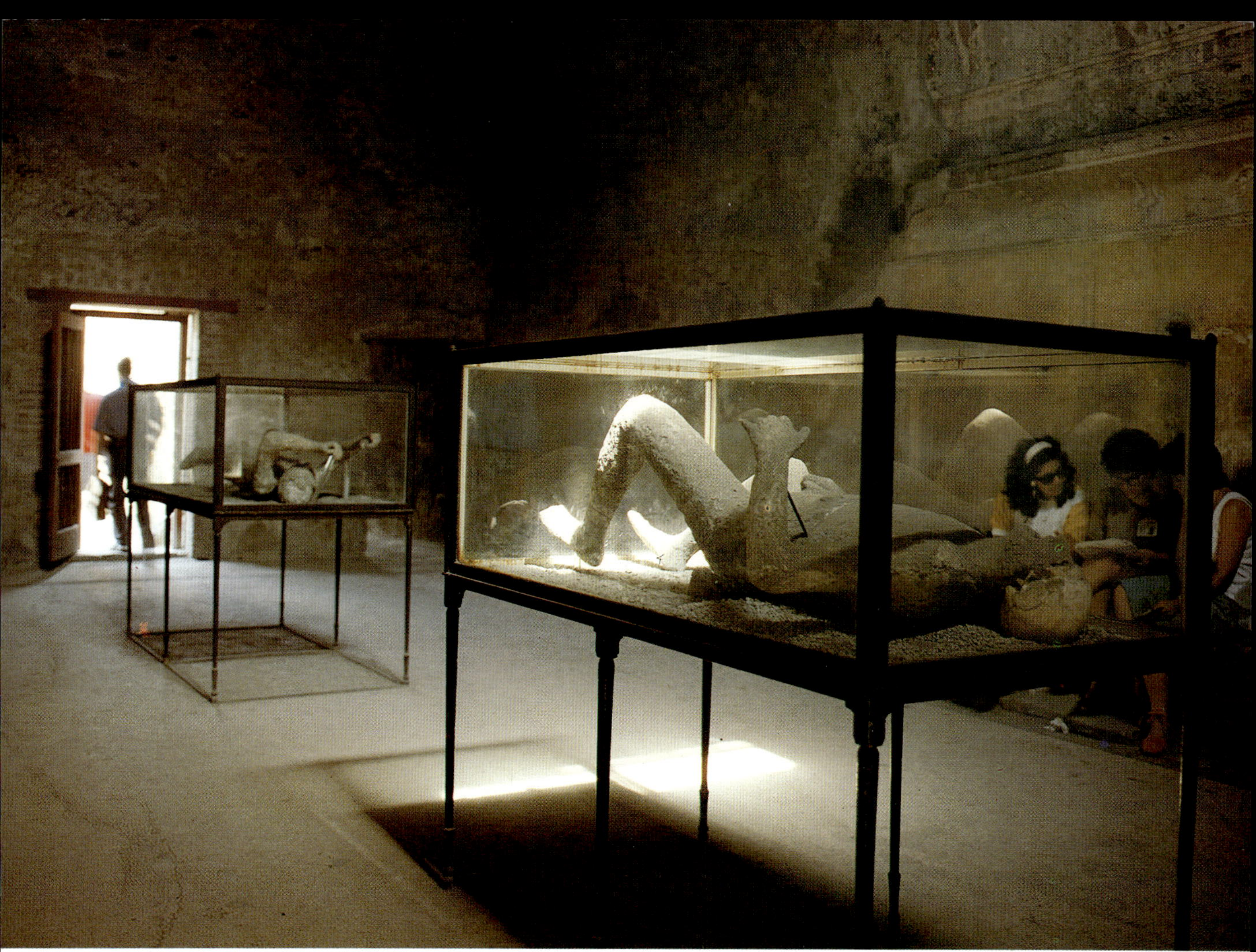

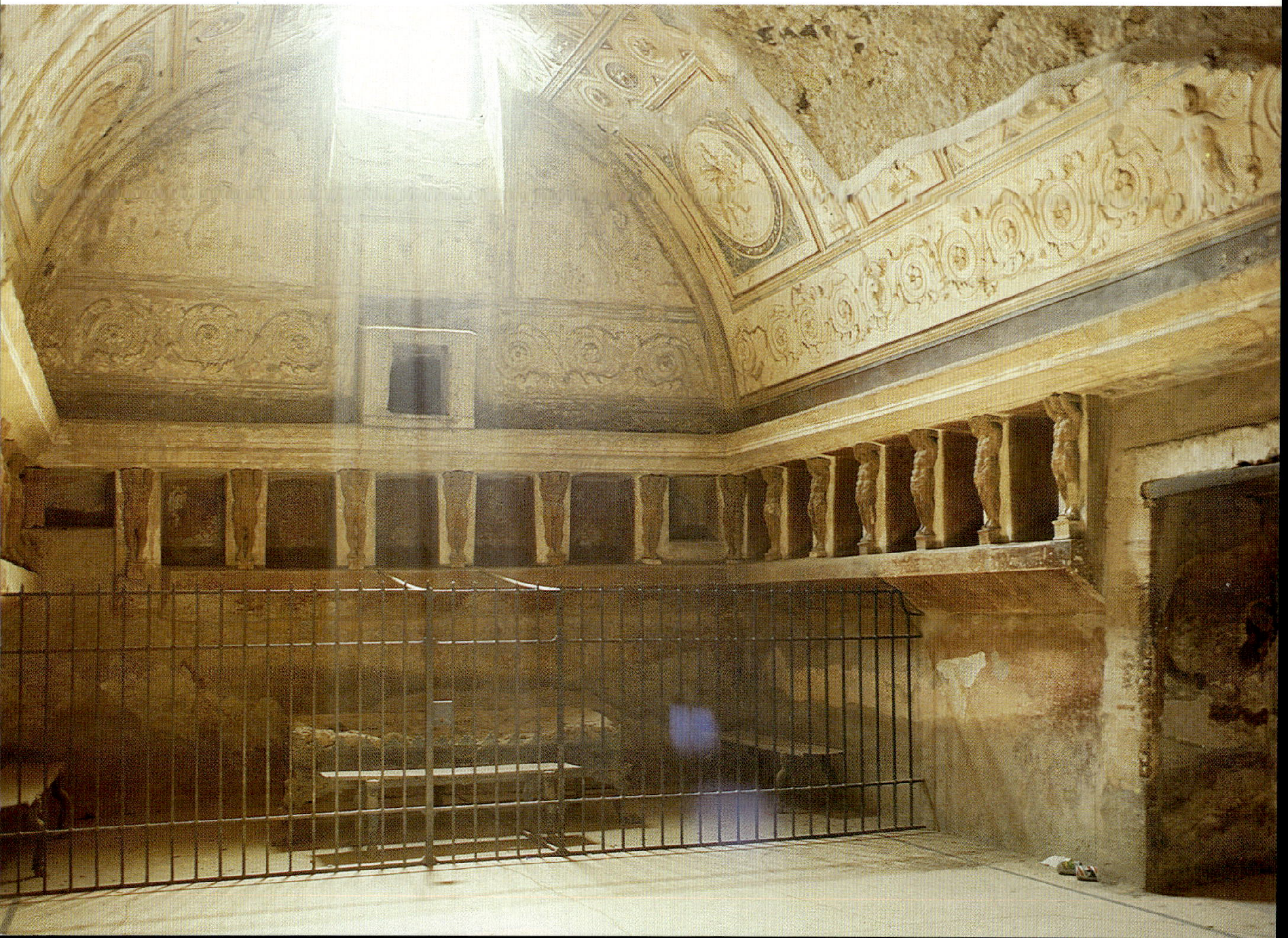

Verzierung des Gewölbes wurden bei den Restaurierungsarbeiten nach 62 n.Chr. angefertigt. Das *Tepidarium* wurde mit dem alten System der Kohlebecken beheizt; in seinem Innern sieht man noch drei Bänke und ein Bronze-Kohlebecken, mit Kuhköpfen als Verzierung, was auf den Namen des Stifters, den reichen Capuaner M. Nigilius Vaccula anspielen sollte.

Das *Calidarium* mit Apsis hingegen ist mit dem modernen Heizungssystem ausgestattet: der Fußboden ist auf *Suspensurae* (Steinpfeilerchen) erhöht und die Wände haben Hohlräume, die durch Ziegel mit ausgeprägten Rippen hergestellt werden (*Tegulae mammatae*) für den Strom der warmen Luft. Das Gewölbe ist mit Stuckreliefs verziert. Die Duumviri Cn. Melissaeus Aper und M. Staius Rufus ließen im 3.-4. Jh.n.Chr. in der Apsis das Marmorbecken für kaltes Wasser (*Labrum*) bauen. An der gegenüberliegenden Wand, von zwei Stufen erhöht, befindet sich der *Alveus*, das Becken für warme Bäder.

Die Frauenabteilung ist von einem Eingang an der Via delle Terme aus zugänglich, von dem man direkt in das *Apodyterium* gelangt, in dem sich wie in der Männerabteilung Holzfächer für die Kleider befanden; hier steht auch das Becken für das *Frigidarium*. Sowohl das *Tepidarium* als auch das *Calidarium* waren durch das System der *Suspensurae* und der Hohlräume der Wände beheizt.

Auf dieser Seite das Tepidarium der Thermen des Forums mit oben einem Detail der Telamonen; auf der Nebenseite oben das Calidarium mit Apsis und unten das runde Frigidarium.

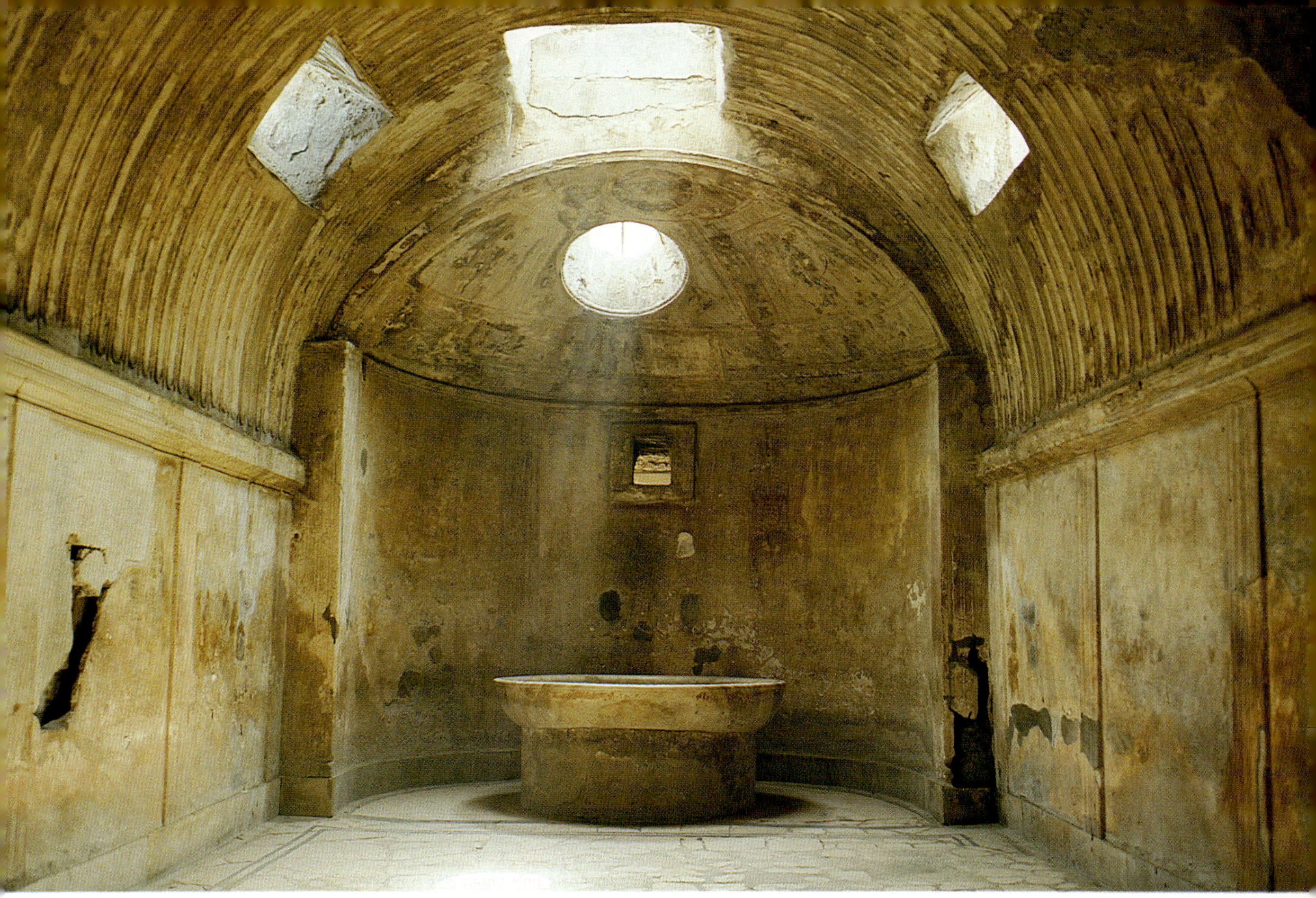

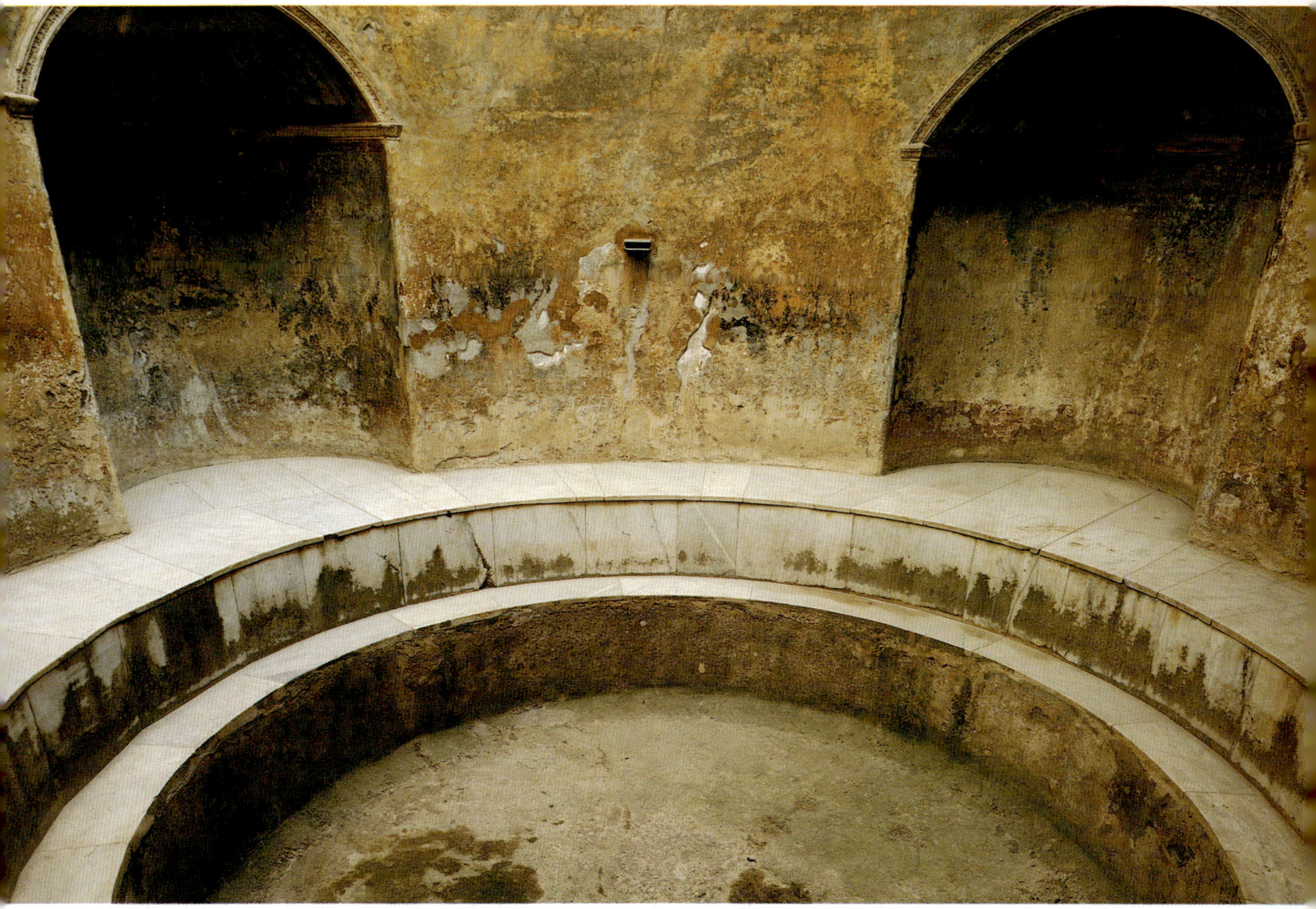

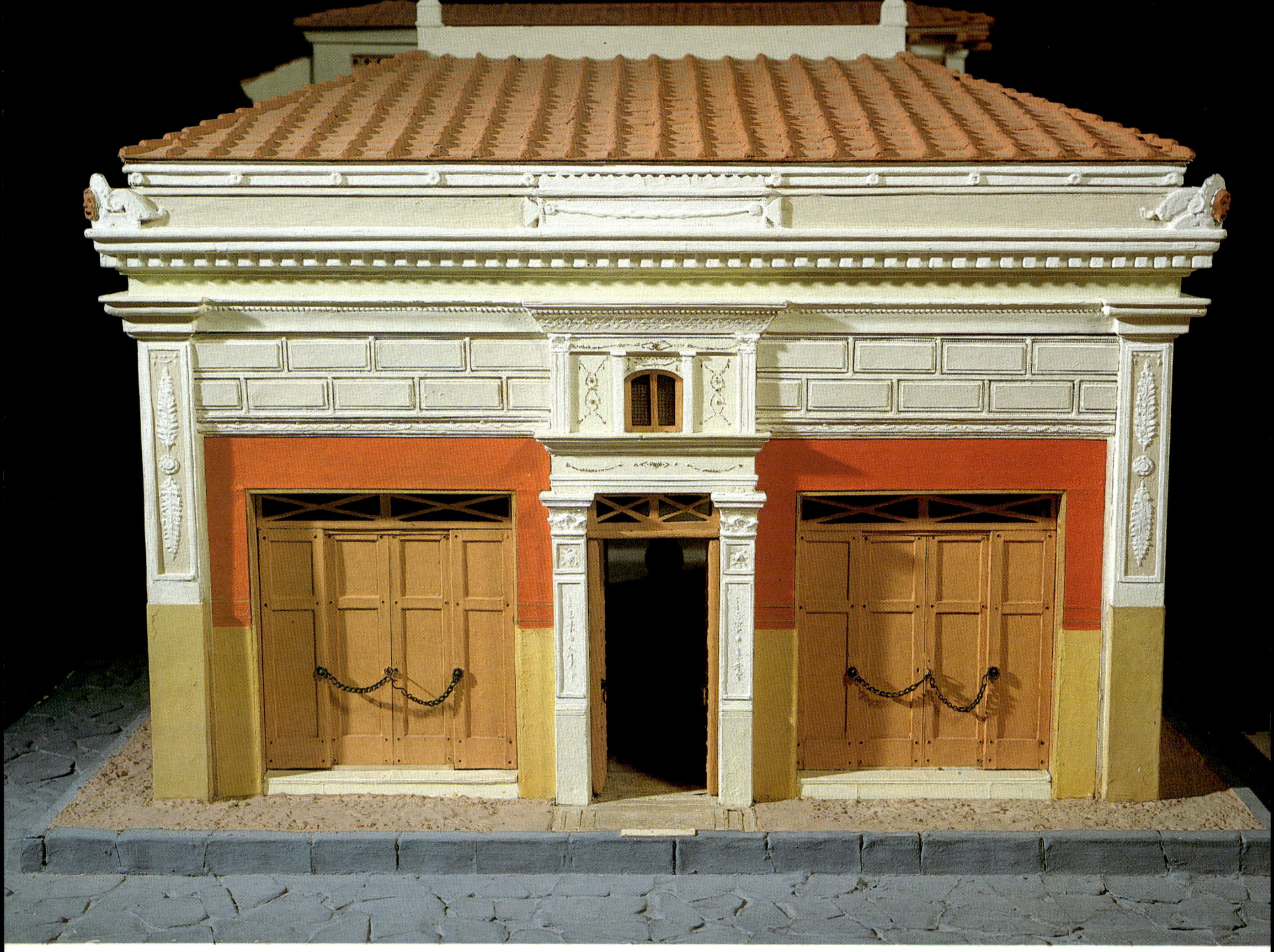

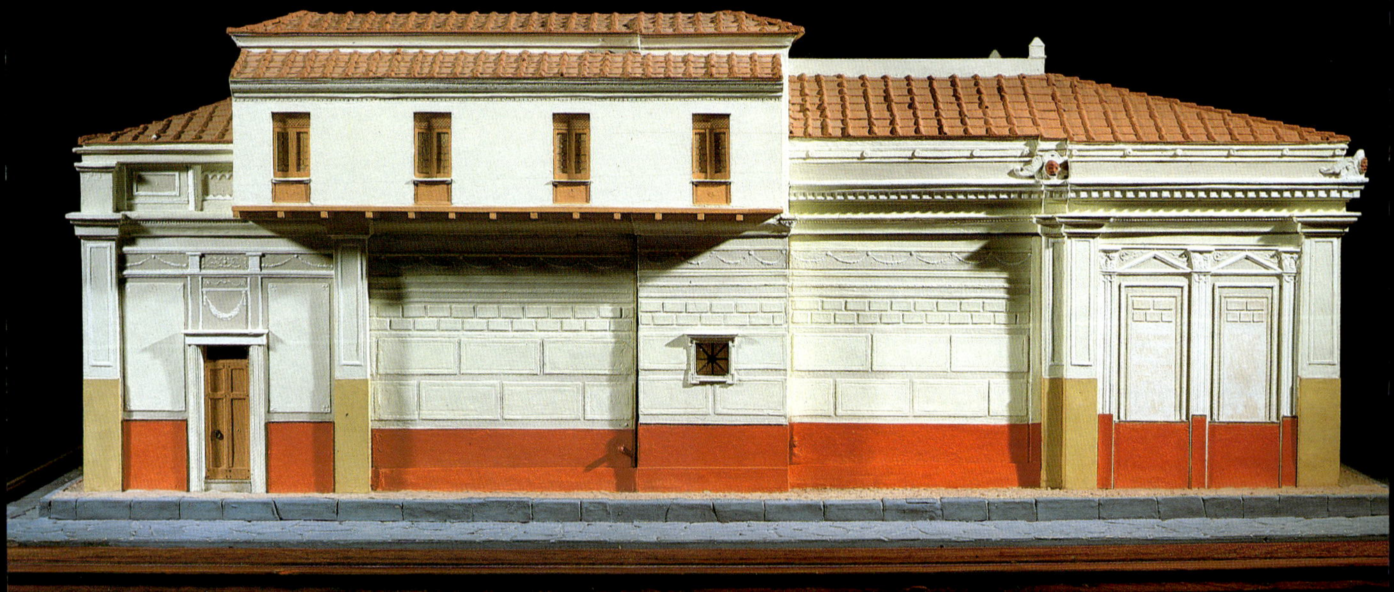

Auf der Nebenseite zwei Ansichten eines Rekonstruktionsmodells des Hauses des tragischen Poeten, oben das Fresko desselben Hauses mit dem Opfer der Iphigenie; unten das Mosaik mit der Aufschrift «Achtung vor dem Hund».

53 - DAS HAUS DES TRAGISCHEN POETEN

Dieses Haus ist ein schönes Beispiel für das pompejanische Wohnhaus der Kaiserzeit. In der Mitte des vorderen Teils des Gebäudes wird jedoch das Schema der etruskisch italischen Tradition des Atriums beibehalten.

Der Eingang öffnet sich zwischen zwei miteinander verbundenen *Tabernae* mit Vestibül, die darauf schließen lassen, daß der Besitzer der Kaufmannsschicht entstammt. Auf dem Fußboden des Eingangs finden wir ein Mosaik, das einen Hund an einer Kette darstellt, so als sei es ein Wachhund, mit dem Hinweis *Cave Canem* (Achtung vor dem Hund). Jenseits des Vestibüls gelangt man in ein Atrium, dessen Wände mit Helden- und mythischen Szenen dekoriert sind, die sich an der Ilia inspirieren; von hier aus gelangt man in die Schlafzimmer und in die *Alae*; zwei Treppen führten ursprünglich in die Räume des oberen Stockwerks. In der Mitte steht das Marmorbecken des Impluviums.

Oben das Innere der Backstube des Modestus; unten ein pompejanisches Fresko — im Museum in Neapel —, das einen Bäckerladen zeigt.

An der hinteren Wand des Atriums befindet sich traditionsgemäß das Tablinium, dessen Fußboden ein Mosaik mit der Darstellung einer Theaterprobe zierte, die der Dramaturg inszenierte, der dem Haus zu seinem Namen verhalf. An einer Wand befand sich ein Gemälde von Admetus und Alcestis, das, wie auch das Mosaik und die Malereien des Atriums abgelöst und im Nationalmuseum von Neapel ausgestellt wurde.

Jenseits des Tabliniums gelangt man in einen kleinen Garten an der Rückwand des Wohnbereichs, der an den verbleibenden drei Seiten mit Säulen versehen ist. An der Nord-Ostseite befindet sich ein *Oecus*, in dem noch zwei der ursprünglich drei Wandbemalungen zu sehen sind: Ariadne wird von Theseus verlassen und Venus, die ein Nest von Amoretten bewundert. Neben dem *Oecus* liegt die Küche. An der gegenüberliegenden Seite des Portikus' sehen wir zwei Schlafräume nebeneinander, deren Wände ebenfalls mit Bildern aus der Mythologie geschmückt sind. In der hintersten nordwestlichen Ecke liegt der Nebeneingang des Hauses (Posticum).

54 - DIE BACKSTUBE DES MODESTUS

Dieses Geschäft gehörte dem Bäcker Modestus; ein langer Gang führt in ein Atrium, mit einem großen Becken in der Mitte, in dem der Weizen gewaschen wurde. Vom

Oben die Abzweigung, von der aus die Via Consolare nach links abzweigt; unten ein Detail der Taberna, die sich an der Abzweigung befindet.

hinteren Teil des Atriums gelangt man in den Bereich, wo der Weizen gemahlen und das Brot gebacken wurde. Die Mühlen aus Lavablöcken sind erhaltengeblieben. Sie bestanden aus zwei Teilen: der eine war ein feststehender Kegel (*Meta*), der wie ein Keil in einen doppelten Hohlkegel gesteckt wurde, *Catillus* genannt, der sich darüber drehte und mit Hilfe von Maultieren, die mit Hilfe von Holzstangen eingespannt waren, die Mühle bewegte. Der Weizen wurde in den *Catillus* gefüllt; das gemahlene Getreide wurde auf Bleifolien gesammelt, die auf den gemauerten Sockel der *Meta* gelegt wurden.

Daneben steht der eigentliche Backofen, den man mit noch verschlossenem Ofenloch aus Eisen gefunden hatte: darin fand man 81 runde verkohlte Brote, die offensichtlich unmittelbar vor dem Vulkanausbruch gebacken worden waren.

55 - VIA CONSOLARE

Die Via Consolare ist die nord-westliche Grenze des städtischen Straßennetzes und verläuft parallel zu dem Abschnitt der Stadtmauer an diesem Teil des Hügels. Sie war eine der frühgeschichtlichen Straßen Pompejis, deren Verlauf die ursprüngliche Anlage der Stadt bestimmte. So wie wir sie heute sehen, ist sie die frühe Version des Abschnitts in Richtung Cuma, dessen offensichtliche kul-

Oben das große Atrium des Hauses des Sallust mit Resten der Ausmalung des ersten Stiles.

turelle und wirtschaftliche Bedeutung dadurch bedingt ist, daß er Pompeji mit den *Salinae Herculis* verband, die sich an der Küste bei Torre Annunziata befinden.

Gegen Mitte des 2.Jhs.v.Chr. wurde die Via Consolare, wie die anderen Straßen der Stadt auch, mit vieleckigen Basaltsteinen gepflastert; dies beweisen uns einige Grenzsteine in Oskisch, mit den Namen der Bauherren in samnitischer Zeit, die diesen Arbeiten vorstanden: daraus können wir entnehmen, daß diese Straße, die vom Forum zur Porta di Ercolano führte, *Via Sarina*, oder auch Salzstraße genannt wurde, aus Gründen, die wir oben erwähnten (gleichzeitig hieß die Porta di Ercolano auch *Veru Sarinu*, das heißt Tor des Salzes).

Im Vergleich zu der rechtwinkeligen Anlage Pompejis ist der Verlauf der Via Consolare unregelmäßig; nachdem einer der wichtigsten Dekumanen der Stadt, bestehend aus der Via di Nola, Via della Fortuna und Via delle Therme in die Via Consolare mündet, führt diese in nordwestlicher Richtung durch die Porta di Ercolano. An der Straße befindet sich das Haus des Chirurgen, eins der ältesten Häuser Pompejis. (4.Jh.V.Chr.)

56 - DAS HAUS DES SALLUST

Fälschlicherweise schrieb man dieses Haus Sallust zu, da man an der Fassade Wahlprogramme mit seinem Namen fand. Der tatsächliche Besitzer jedoch war A. Cossus Li-

banus, so steht es auf seinem Siegel, das man im Haus fand.

Der Kern des Hauses stammt aus samnitischer Zeit und wurde mit den charakteristischen Tuffsteinblöcken ausgeführt (3.Jh.v.Chr.). An der Frontseite befinden sich einige Geschäfte, ein *Pristinium* (Bäckerei) an der Westecke, wo noch Mühlen zu sehen sind und neben dem Eingangsvestibül eine *Caupona* (Wirtschaft), eine mit dem Wohnhaus verbundene, in der man eine Theke für den Ausschank sieht. Von dem Vestibül gelangt man in ein großes etruskisches Atrium mit zentralem Tuffsteinbecken, in dem das Wasser aufgefangen wurde. Teile der Wandverzierung im ersten Stil, bei der mittels Stuck und Malereien eine mehrfarbige Marmorverkleidung vorgetäuscht wird, sind noch erhalten. Vom Atrium gehen einige Räume mit den für die Zeit typischen hohen Portalen, die sich nach oben hin verjüngen ab; in einigen sieht man noch Verzierungen im ersten Stil. Jenseits des Tabliniums erstreckt sich ein von Säulen gesäumter *Hortus* mit einem Sommertriclinium, das in der nördlichen Ecke mit einer Pergola versehen ist.

Der östliche Bereich des Hauses stammt wahrscheinlich aus einer zweiten Phase des 1.Jhs.v.Chr.; man gelangt in ihn über einen Gang vom Atrium aus. Es handelt sich dabei um einen Garten mit Peristyl, von dem verschiedene Schlafzimmer, ein Eßzimmer und eine Küche abgehen. An der hinteren Wand des Gartens sieht man

Oben die Porta di Ercolano an der Nord — Ostecke der Stadt; unten ein Detail eines kleinen Durchgangs für die Fußgänger.

das große Fresko mit mythischen Begebenheiten: Aktäon wird von den Hunden angefallen, da er Diana beim Baden zugeschaut hat.

Man nimmt an, daß das ursprünglich samnitische Haus im 2.Jh.v.Chr. in ein Hotel umgewandelt wurde; dies bestätigen die *Caupona* und die vielen Schlafzimmer, die zu diesem Zweck in einem oberen Stockwerk eingerichtet wurden. Der östliche Bereich, der ebenfalls aus jener Zeit stammt, war den Wohnräumen der Besitzer und Hoteleigner vorbehalten.

57 - PORTA DI ERCOLANO UND VIA DEI SEPOLCRI

Das Stadttor befindet sich an der nord-östlichen Ecke der Stadtmauer von Pompeji. Es handelt sich um einen dreibogigen Durchgang: der große mittlere war für Fahrzeuge und die kleineren seitlichen für die Fußgänger gedacht. Es wurde aus einer Mischung von *Opus Listatum* mit Ziegelstein und Tuffstein und *Opus Incertum* mit Lavablöcken erbaut.

Die letzte Bauphase des Tores geht auf die Zeit zurück, als Pompeji sillanische Kolonie wurde, die angrenzenden Teile der Stadtmauer bestanden bereits seit samnitischer Zeit, sowie auch der dahinterliegende *Agger*, in dem man

noche ältere Bauelemente fand. An diesem Tor beginnt die Via dei Sepolcri, der erste Abschnitt der Straße, die nach Herculaneum und Neapel führte. Es war Brauch, daß die Nekropolen außerhalb der Stadttore rechts und links der Straße lagen. In diesem Fall wechselten sich die monumentalen Gräber mit den *Tabernae* und der Villa des Cicero mit Mosaiksäulen und der des Diomedes ab. Die Gräber entstanden in dem Zeitabschnitt zwischen der Einrichtung der sillanischen Kolonie (80 v.Chr.) und dem Vulkanausbruch 79 n.Chr.; einige Gräber in Grabenform stammen aus samnitischer Zeit im 4.-3.Jh.v.Chr. Die Gräber sind unterschiedlichster Art und Architektur: Kapellen auf Podium, erhöhte Altäre, Einfriedungen und Schola-Gräber mit halbrunder Exedra.

58 - DIE VILLA DES DIOMEDES

Diese große Vorstadtvilla erhebt sich an der Via dei Sepolcri und wurde fälschlicherweise Marco Arrio Diomede zugeschrieben, dem das Grab vor dem Eingang des Hauses gehört. Es wurde 1771-1774 ausgegraben und verursachte großes Aufsehen; leider sind die reichen Verzierungen, mit denen das Haus ausgestattet sein mußte, nicht erhalten.
Die Villa liegt in einer bezaubernden Lage und ist sicherlich eines der größten Wohnhäuser der Stadt. An der prachtvollen Bauweise kann man ablesen, über welche finanziellen Mittel einige Familien Pompejis verfügten.

Oben ein Grab in Form einer halbkreisförmigen Exedra. Unten der Portikus zum Eingang der Villa des Diomedes.

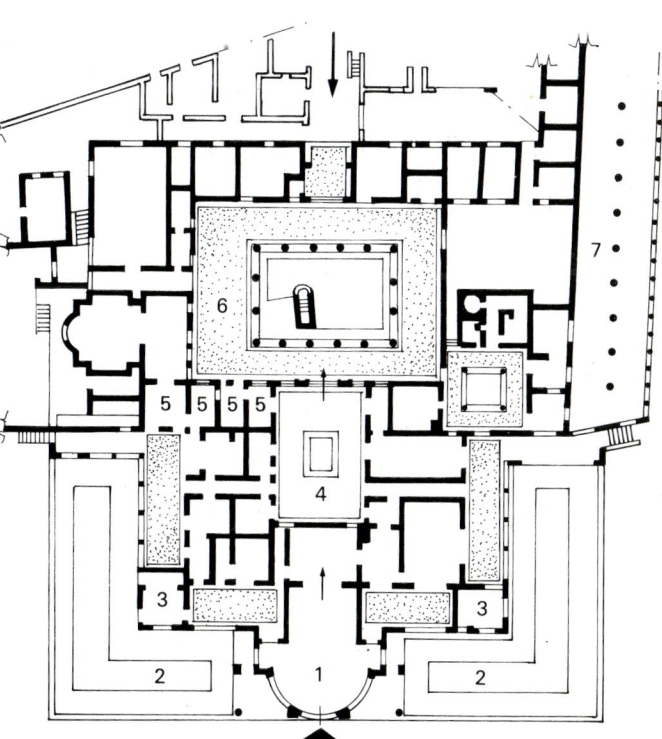

59 - DIE MYSTERIENVILLA

Der weitläufige Gebäudekomplex der Mysterienvilla ist eins der bedeutendsten Beispiele für eine herrschaftliche Vorstadtvilla der Antike. Der Grundriß ist rechtwinkelig, er umfaßt ein abschüssiges Gelände und so wurde der westliche Teil des Hauses auf einem künstlichen Erdwall errichtet und von einem Kryptoportikus gestützt. Die erste Bauphase geht auf die erste Hälfte des 2.Jh.v.Chr. zurück; das Gebäude, so wie wir es heute sehen, entstand durch Baumaßnahmen in den Jahren 70-60 v.Chr., auch die Malereien, die wir hier finden, stammen aus dieser Zeit. Nach dem Erdbeben 62 n.Chr. gab es, wahrscheinlich durch einen Besitzerwechsel, drastische Veränderungen: die Villa war nicht mehr herrschaftlich sondern wurde bäuerlich. Der ursprüngliche Eingang war an der Via Superiore, einer Abzweigung der Via dei Sepolcri, gegenüber dem heutigen Eingang. Man gelangt direkt in das Peristyl mit 16 dorischen Säulen; dieser Teil wurde in Räumlichkeiten für die Dienerschaft umgewandelt, indem auf zwei Stockwerken, die in dem Zwischenraum der ursprünglichen Fassade der Villa und der Via Superiore gebaut wurden, einige Wohnräume hinzugefügt wurden. In der Nähe der nord-östlichen Ecke des Peristyls war in zwei großen Räumen ein *Torcularium* mit zwei Weinpressen für die Kelterung der Trauben eingerichtet; dies bestätigt die Theorie, daß die Villa zu einem landwirtschaftlichen Betrieb geworden war. Daneben befand sich das Lararium mit Apsis, in dem höchstwahrscheinlich die Figur der Livia stand, die im Peristyl gefunden wurde. Die herrschaftlichen Wohnräume liegen an einem großen

1 Exedra
2 Viridarium
3 Porticus
4 Atrium tuscanicum
5 Cubicula
6 Peristilium
7 Porticus

Oben die Mysterienvilla

123

Auf der Nebenseite oben ein Teil des inneren Peristyls; unten links die Hausherrin und rechts die Lesung des Rituals. Hier oben der große Saal mit dem Fresko der dionysischen Mysterien; unten ein kleiner Satyr und ein kleiner Pan mit einer Figur auf der Flucht.

etruskischen Atrium, das mit Nillandschaften und ursprünglich mit Bildern auf Holztafeln geschmückt war. In dem Schlafzimmer mit dopeltem Alkoven auf der Nordseite des Atriums finden wir eine der bedeutendsten Wandmalereien im zweiten Stil mit gewagten und komplexen architektonischen Perspektiven, die sich illusionistisch auf mehreren Ebenen entfalten, bis sie die Wand förmlich auflösen. Im Tablinium an der hinteren Seite befinden sich raffinierte Malereien im dritten Stil: an der hinteren schwarzgründigen Wand sehen wir ägyptisch anmutende kleine Figuren und dionysische Symbole in Miniatur. Auf der anderen Seite des Tabliniums sieht man eine Veranda mit Fenster in Form einer Exedra, gesäumt von Hängegärten und zwei Flügeln mit Portikus. Von einem Schlafzimmer im Süden des Tabliniums gelangt man in den Salon mit den großflächigen Fresken, die der Villa ihren Namen gaben; der Raum ist auch vom südlichen Portikus aus zugänglich. Bei den Fresken handelt es sich aufgrund der ungewöhnlich naturgetreuen Größe der Figuren und der Großartigkeit der Zusammenstellung des Werks vielleicht um das berühmteste Gemälde der Antike. Die traditionelle Interpretation sieht in diesem Bilderzyklus eine Darstellung der Initiation für die dionysischen Mysterien. Angefangen an der linken Wand sehen wir einen nackten Jüngling zwischen zwei Matronen, der das Ritual liest; ein junges Mädchen mit einem Tablett voll Gaben geht von hinten auf eine Opfernde zu, der zwei Diener assistieren; es folgen ein alter Silen, der die Leier

spielt, ein Satyr und eine ländliche Gottheit in Gestalt des Pan, die einem Ziegenbock zu trinken gibt, eine erschrockene Frau, die angesicht der Geißelung einer Gefährtin an der gegenüberliegenden Ecke der Wand versucht zu fliehen. Die hintere Wand beginnt mit der Darstellung eines alten Silen, der einem kleinen Satyr zu trinken gibt, während ein zweiter Satyr sich eine Theatermaske abnimmt. Die Mitte der Wand wird von Dionysos eingenommen, der sich in den Armen der Ariadne hingibt, die auf einem Thron sitzt; darauf folgen die Enthüllung des Phallus, des Fruchtbarkeitssymbols durch eine kniende Frau und eine geißelnde Figur mit Flügeln, die im Begriff ist zuzuschlagen. Diese Figur leitet zu der Szene der rechten Wand über, wo man die erschrockene gequälte Frau sieht, die auf dem Schoß einer Gefährtin kniet, während eine nackte Bacchantin in Ekstase einen wilden Tanz aufführt. Darauf sieht man den Ankleideraum einer jungen Braut, die den Beginn des Initiationsritus für das Mysterium erwartet; ihr helfen zwei Amoretten und eine Matrone. Schließlich sieht man eine Matrone mit verhülltem Haupt, wahrscheinlich die Hausherrin, die sitzend das Treiben betrachtet.

Dieses Fresko wird einem Maler Kampaniens zugeschrieben, der in den Jahren 70-60 v.Chr. in der Villa wirkte und sich dabei von hellenistischen Vorbildern des 4.-3. Jh.v.Chr. inspirieren ließ.

Links ein Silene, der einem kleinen Satyr zu Trinken reicht; unten die Entdeckung des dionysischen Phallus. Auf der Nebenseite oben links die weinende Gegeißelte und rechts eine Tänzerin; unten eine Opfernde mit Dienern und Silenen.

INHALTSVERZEICHNIS